1. 追求有价值的成功

成功并没有公认的定义。

成功的定义，十分难下。人人追求成功，却各有不同的定义。

春秋时代，叔孙穆子提出著名的三不朽论，他说："太上有立德，其次有立功，其次有立言。"

立德、立功、立言，从此成为中国人共同追求的目标。任何人只要完成其中的一项，都算是大成功。

由于目标悬得太高，许多人根本办不到。于是退而求其次，在自己家族中立德、立功、立言，总归比较容易。但是大家族人多意见也多，仍旧不容易使族人肯定自己的立德、立功或立言。再退一步，从自己的家庭着手，生一个儿子，用亲情来抚养他，让他肯定自己的立德、立功或立言，当然更为简便。这种有子万事足，生个儿子便是成功的观念，可以说是对三不朽的最大反弹。

在三不朽和有子万事足之间，还有很多关于成功的见解，例如：

1. 拥有良好的健康，就是成功。
2. 得到亲密的朋友，可以推心置腹，才算成功。
3. 受到完备的教育，成就非凡的事业，便是成功。
4. 支领高薪，工作愉快，而且家庭幸福，就算成功。
5. 心境平安，无牵无挂，一切都看得开，才叫成功。
6. 达成预期的目标，就是成功。
7. 提高生活品质，拥有洋房、轿车、娇妻，才能谈得上成功。
8. 婚姻美满，事业发展，身体健康，才是成功。

9. 服务社会，做出重大贡献，就是成功。

10. 善于督促自己，使自己出人头地，便是成功。

此外，信仰上帝的人，可能认为活在上帝心中，才是真正的成功，因为，没有圣灵的引导和力量，成功是遥不可及的。

佛教徒希望活在佛陀心中，回教徒期望活在阿拉真主的心中，同样认为这样才算成功。

美国民意调查权威盖洛普博士的儿子，则坦诚地指出："为成功下定义，无论就成功者或凡夫俗子而言，都是件吃力不讨好的事。"不过他也认为"一个人在某方面感到有所成就，有一种如愿以偿的感觉，才算是成功"。

事实上，这些观点，多少都触及成功的一部分。每一种说法都对，但都没有包含成功的全部。

回头想想中国人的通俗说法：人生的目的，在求心安理得。那么，心安理得是不是最大的成功呢？

明朝末年，史可法督师扬州。清多尔衮致书劝降，史可法拒绝，城破被害，清乾隆时追谥为忠正公。

如果说史可法逃不掉而又不敢投降，才出此下策——与扬州城共存亡，那么这位忠正公实在没有什么了不起。若是他经过仔细的思考，算来算去，逃亡和投降，都不及与城共存亡来得心安理得，因此下决心不逃也不降，虽城破被害，但大家仍然十分敬仰他。

不能心安理得，就不算成功。

有些人养生有道，拥有良好的健康，却被人看成自私的怕死者。一天到晚，只顾虑自己的身体，东怕西也怕，什么事情都不敢做，哪里能成功！

得到亲密的朋友，可以推心置腹，但谋财害命的勾当，机密而积极地规划进行，就算成功又有何用？

赢在职场

中国式职场修炼手册

曾仕强/著

北京时代华文书局

图书在版编目（CIP）数据

赢在职场：中国式职场修炼手册 / 曾仕强著 .—
北京：北京时代华文书局，2017.8
ISBN 978-7-5699-1757-4

Ⅰ.①赢… Ⅱ.①曾… Ⅲ.①成功心理－通俗读物
Ⅳ.①B848.4-49

中国版本图书馆 CIP 数据核字（2017）第 198849 号

赢在职场：中国式职场修炼手册
YING ZAI ZHICHANG:ZHONGGUOSHI ZHICHANG XIULIAN SHOUCE

著　　者 | 曾仕强

出 版 人 | 王训海
选题策划 | 周　军
责任编辑 | 周连杰
责任校对 | 孙梦莹
装帧设计 | 杨莉芳
责任印制 | 刘　银　訾　敬

出版发行 | 北京时代华文书局　http://www.bjsdsj.com.cn
北京市东城区安定门外大街 136 号皇城国际大厦 A 座 8 楼
邮编：100011　电话：010－64267955　64267677
印　　刷 | 三河市南阳印刷有限公司
开　　本 | 710mm×1000mm　1/16　印　张 | 14　字　数 | 192 千字
版　　次 | 2018 年 1 月第 1 版　印　次 | 2018 年 1 月第 1 次印刷
书　　号 | ISBN 978-7-5699-1757-4
定　　价 | 49.80 元

读者购书、书店添货或发现印刷装订问题，请与曾仕强教授官网：良心网联系、调换。
电话：010-69292472
盗版举报电话：010-69290834

前 言

成功的基础，在确立人生的目的。

人生的目的，究竟是什么?

有人说：人生的目的，在死后荣登天国，到天堂过着美满的生活。

这种想法，偏重死后的未来世界。具有这种念头的人，比较有宗教的倾向。

但是，死后要进入天堂，有赖于生时的自我努力。生的时候要达到什么样的目的，仍然需要自己去探索。

有人说：人生的目的，在求取快乐。

人的感觉，一般说起来，有痛苦，有快乐，也有不苦不乐。人生的目的，即在避开痛苦，求取快乐。对于不苦不乐的部分，采取不关心的回应。

“花开堪折直须折，莫待无花空折枝。”只要能够快乐，不可轻易放过。

然而，什么才是真正的快乐呢?一般人追求的身安、厚味、美服、好色、音声，庄子就不以为乐。他认为真正的快乐，应该是精神上的宁静。

于是有人说：人生的目的在以公众的快乐取代个人的快乐。己所不欲，勿施于人。大家快乐的事情，可以多做；利己害人的事，绝对不能做。

英国哲学家边沁（Jeremy Bentham），主张以最大多数人的最大快乐，作为人生的目的。他认为快乐是可以计量的，分别用从强弱、久暂、迟速、众寡、连续与否、确否实在以及有无痛苦的成分在内等七种因素来衡量。不过他所能计算的快乐，实际上大多偏重在物质方面。

这种计量快乐的做法，好像功利的味道十分浓厚。一个人如果处处盘算自己所能获得的快乐，果真能够真正的快乐吗？

有人主张苦修才是人生的目的，从禁欲、苦行当中，求得精神上的解脱。

也有人认为一切凭良心，择善固执，无论所言所行，都合乎道德标准，才是人生的最终目的。

有人热心改造自然，有人倡导改善社会，也有人致力发扬文化，认为这些才是人生的目的。

中国人的观点，认为人生在求心安理得。

关于人生的目的，中国人讨论得十分热烈，也各有不同的看法。但是，一般说来，中国人普遍认为：人生的目的，在求心安理得。不知道大家看了以后，有什么样的感想？心安理得，是不是人生的目的呢？

孔子一辈子辛苦，说的道理未必为当权者所接受，死后还不断遭受无情的批判，但他心安理得，堪称为大圣人。

文天祥、史可法、岳飞的成功，并不在他们的事功，实在是他们求得心安理得。

郑成功可以说在事业上没有成功，我们肯定他的成功，事实上也是看到他已经心安理得了。

我们追求成功，最好以心安理得为先决条件。在无所愧怍的大前提下，来求取成功，才具有价值。

受到完备的教育，成就非凡的事业。但是家庭不温暖，子女不长进，能够心安理得吗？

支领高薪，工作愉快，而且家庭幸福，可所从事的工作，有害于世人，造成十分严重的后遗症，算不算成功呢？

心境平安，无牵无挂，一切都看得开，因而对任何工作，都提不起劲儿，也不计较其成果，怎么能成功？

达成预期目标，如果心里不安，充满愧疚，这种成功有什么价值？

生活品质提高，彰显个人的成就和财富的攫取，若是精神不愉快，内心欠充实，也不能算成功。

婚姻美满，事业发展，身体健康，而一生害人无数，有愧于心，并不见得是成功。

服务社会，做出重大贡献，只能算是在这一方面的成功。善于督促自己，使自己出人头地，不过是在勇于接受挑战方面，有一些成就。

活在上帝的心中，终究比较偏向西方式的向外求取；心安理得，才是中国式的向内求诸于己。

人必须活出价值来，自己的成功，究竟有没有价值，就要端视自己能不能心安理得。

唯有心安理得的成功，才具有追求的价值。凡是有愧于心的成功，愈成功愈可能遗臭万年，千万要小心提防。

时时以心安理得为念，在毫无愧怍的大前提下，妥善地处理每一件事，只要有头有尾地把它做好，便是成功的一个基点。不断累积这些成功的小基点，积少成多才是有价值的成功。

2. 成功是可以学习的

成功实在是一种自我提升。

人生的本相，好像一个圆锥体。愈靠近底层的部分，愈和一般生物相同，都是为了吃饭和传宗接代。人生的“生”字，似乎就是“生存”和“生殖”。从这个角度来看，人本来就是动物的一种，和其他动物，并无什么两样。

人之所以为万物之灵，在于圆锥体除了底层之外，还有尖顶的一段，那就是体面的吃饭和优生的遗传。同样吃饭，要比一般动物，吃得更体面；一样传宗接代，也要比一般动物，更懂得优生，使一代比一代更优秀。

所谓成功，实在就是从圆锥体的底层，逐渐向上提升，使自己到达尖顶的一个过程。

最大的成功，在逐渐提升自己的层次，由兽性的人生，走向神性的人生。

自我提升是成功的过程，然而，成功不可能平白自天而降。我们必须充分自觉，有责任来完成一个正确的、利己利人的目标，并且有计划、有方法地使其顺利达成。

这种由自觉、目标到完成的成功过程，不但可以学习，而且应该努力地学习，才能确保其成果与品质。

人能自觉，成为人类与一般动物的最大差异。高级动物有知觉，也能记忆。但是，它们不能自觉地记忆，更缺乏自觉的智慧。

自觉地记忆，使人能够回忆过去的经验，并且累积起来，重新加以组织，使其具有创造性；而自觉的智慧，使人产生超自私的道德意识，由人我互动，构成人伦世界。

学习自觉，获得正确的自觉之后，进一步学习设置目标，拟订计划、讲求方法、培养态度，并且切实施行，成功就比较有把握。

成功与否，完全取决于自己用不用心。

有人喜欢把不能成功的过失，推给命运。不错，这是很好的借口，却是不正确的借口。

中国人常说：一命二运三风水四积阴德五读书。很多人误解为一最重要而五最不重要，实际上则是五最要紧。读书明理，一切按照道理去做，自然会成功。问题是理不易明，自己认为按照道理，却没有十分的把握真正看对了道理，这时候只好拿积阴德来补偿。积阴德究竟积了多少，也不得而知，所以拿风水来增强。风水未必可靠，这才求好运。好运不可得，只好寄望于命。

命一定存在，运也有起有伏。命运的好坏，取决于自己的选择。人的一生，面临着多次抉择。选择正确，命运就良好。选择不正确，命运就不好了。

“天助己助者”，自己慎重选择，老天爷乐于帮忙，好像命运帮助我们成功。实际上，是我们自己在选择，并非命运在决定我们。

当然，有人不读书，不积阴德，不看风水，也不重视运气，仍然一辈子舒舒服服，因为他命好，却未必算成功。关于这一点，我们在第六章有进一步的分析。

成功是有道理的，有轨迹可循的，因此是可以学习，而且必须用心学习的。

从目标的建立，到成果的确保，都有一些值得学习的法则，不容忽视。

失败的人，主要原因在不喜欢自己的工作。

这些人既不学习如何正确地选择，也不学习怎样有效地调整。一天到晚，埋怨自己也责怪别人，当然不可能获得成功。

经由学习，导引出正确的自觉，并且明白选择合适的目标，寻找合理的途径，尝试有效的方法，自然可以迈向成功的大道。

3. 研拟个人生涯设计

做好自己的生涯计划，才能走出成功的人生。

生活在现代社会里，成功好像是人生的唯一价值。父母期盼子女成功，师长希望学生成功，而整个社会，更鼓励大家只许成功、不许失败。

在这种大环境下，人如果只求成功，却不择手段，不但对社会大众没有好处，反而会招来可怕的灾祸。

把威胁、利诱、狡诈、欺骗，当作是成功的手段，以暴力、偷窃、绑架，作为成功的途径，结果害人害己，引起社会的不安，绝对不是正当的方式。

要成功，必须依循正当的法则。生涯设计，应该是相当重要的观念。

为了更有把握，为了更早获得成功，及早做好计划，乃是不二法门。而生涯设计，可以说是比较完整的成功计划。

现在，我们拿三十六岁作为验收成果的目标，也就是在个人生涯设计时，以“三十六岁就能成功”为设计的依据。

为什么以三十六岁为验收目标呢？

人生以年龄划分，刚出生为新生儿期，出生后第二个星期到一岁为婴儿期，两岁到十三四岁为儿童期，十五岁至十八岁为少年期，十九岁至三十九岁为青年期，四十岁到六十岁为中年期，六十岁以后则进入老年期。

如果将人生大致分成五个阶段，那么十五岁以前为探索期，二十五岁至三十岁为尝试期，三十岁至四十岁为建立期，四十五岁至六十五岁为持续期，六十五岁以后则为衰退期。

不论怎样划分人的一生，以三十六岁为验收目标，应该都相当合理。一个人少年时多听、多看、多想，到了三十岁时，确立一些原则，从此据以奋斗，六年下来，必定可以看见初步的成果。把三十六岁定为验收的年龄，符合身心双方面的需求。

现在就要开始计划。

什么时候开始计划呢？答案是现在就要开始。

新生儿和婴儿，由父母代替设计，做出很多影响一生的选择。“命”的力量，在这一段时期比较显明。父母正确选择，表示婴儿的命比较好；父母胡乱选择，证明婴儿的命并不好。

儿童期刚开始的时候，仍然十分依赖父母。三岁至六岁期间，儿童为了因应外在环境的各种压力，建立了一些稳定的个人特质，包括控制与攻击的能力，正面与负面的自我意识，智力的发展基础，以及若干偏见。父母能不能适当地辅导儿童，找出适应的合理方式，或者养成良好的习惯，实际上已经奠定了儿童人格健全或不健全的基本构造，以后要加以矫正，很不容易。

六岁至十二岁接受国民教育，一方面培养国民道德，训练身心健康，一方面学习生活必需的知识技能，以求德、智、体均衡发展，使身、心、手、脑并臻健全。

中学阶段，常常觉得自己游移在儿童与成人的行为思考模式之间，并且开始花时间来思考婚姻、未来的职业、宗教以及道德等等相关问题。

十五岁以前着手设计自己的生涯，当然十分理想。宋朝谢良佐先生早就说过：“人须先立志，志立则有根本。譬如树木，先有根本，然后才能栽成合抱之木。”一个中学生将来的为人处世，总不能没有一定的方针和目的，否则有如失去罗盘针和方向盘，却在狂风暴雨之中航行，必然无法成功地登上彼岸。

初中毕业的时候，有了确定的志向，便可以自主地选择升高中、考高职或者选职业，不致懵懵懂懂，考上什么读什么，走到哪里算哪里，浑浑噩噩，毫无目的，来日的成功，又怎么敢预期？

愈早规划生涯设计，成功就愈有把握。

如果现在已经年过十五岁，仍然未能“志于学”，那么赶快设法补救，愈早规划生涯设计，成功愈有希望。

想一想这一辈子要怎样过，现在就开始，勾画出自己的远景，然后全力以赴。

前面说过，儿童在三岁至六岁之间，已经建立了人格健全或不健全的基础。六岁以后，想要矫正错误的知觉、动作、情绪、智力的发展，很不容易。但是由于害怕困难而放弃矫治，乃是认命的不负责任态度。

十五岁应该立定志向。如果过了十五岁而未定，就宣告时间不能回头而不予补救，同样是不负责任的想法。

别人十五岁以前就立志了，我现在赶快立并不算晚。别人一下子就把坏习惯改过来了，我痛下决心，必然也能够矫正以前所犯的错误。

成功，就是这样辛勤得来的。

4. 三十六岁就能成功

条条大路，都可以通达成功的境地。

十五岁立定志向，努力进德修业。十八岁进入自己理想的大学，遵守校规、用功读书、尊敬师长、留意国情、健全人格。二十二岁毕业，找到合适的工作，继续多听、多看、多思考。三十岁左右，成家立业，并且确立若干为人处世的原则，从此择善固执，不屈不挠，正如孙中山先生所说：“吾志所向，一往无前，愈挫愈奋，再接再厉。”果能如此，奋斗五六年，到了三十六岁必能成功。

大学毕业，若是觉得学识不足以立业，有继续深造的必要，则可继续攻读硕士、博士。这时边学边做，三十岁左右，照样可以成家立业。

根本不考高中，十五岁就选定了自己未来所乐意从事的行业，接受高职教育，提前就业，然后利用业余时间，修习空中大学课程，充实自己，甚至获得学位。到了三十六岁，也可以成功。

人生有许多条路可以走，条条大路都有成功的可能。

最主要的因素，在于自己的正确选择。不怨天、不尤人，慎重地学习成功之道，才是确保自己三十六岁就能成功”的有效方式。

成功的有效之道，在兼顾各方面的成就。

什么是有效的成功之道呢？答案众说纷纭。

有人强调动机，认为积极追求成功，具有很大的震撼力。

有人重视信心，主张相信有志竟成的人，终会获得成功。

有人讲究方法，倡导合理合法的手段，以求取成功。

更有人注重步骤，认为大多数人都有成功的潜能，只要采取合理的步骤，人人都可以成功。

当然，也有人举出幸运、家族、贵人、信仰等因素，列举出不同的成功之道。

我们的原则，是兼顾。唯有面面俱到，顾虑得周全一些，才能确保三十六岁就能成功。

兼顾的意思，是不要把自己的成功，活像赌博似的，孤注一掷地押在某一个数字上面。押对了宝，固然获得成功。万一押错了，岂非前功尽弃，不能成功了吗?

经济学家告诉我们，不要把所有鸡蛋都集中放在一个篮筐里。我们也不应该把自己的成功，集中寄望在某一方面上。

本书不打算提出一些成功的捷径，因为成功根本没有捷径。

我们衷心期望，大家都能够按部就班，在心安理得的大前提之下，从成功的基础、目标、条件、方法、秘诀、机缘、枢纽、良药、途径，以及保障等方面，采取全面包抄的态度，务求三十六岁就能成功。

目　录

修炼内功第五步：分析力

修炼内功第六步：感应力

修炼内功第七步：调节力

修炼内功第十步：忍耐力

结 语

修炼内功第一步：洞识力

一　要使自己的头脑清楚

导读

阅读本篇，有助于了解：

• 为什么要使头脑清楚？
• 怎样才能使头脑清楚？
• 什么是正确的成功观念？
• 如何辨识自己的性格类型？
• 怎样革除不良习惯？
• 如何培养兴趣？
• 怎样增强能力？
• 如何确立理想？
• 什么叫作洞识力？
• 洞识力对成功有什么助益？

头脑不清楚，就不可能成功。

有许多人不能成功，原因在于：头脑不清楚。

现代信息发达，知识的来源丰沛。无论电视、广播网络，乃至形形色色的杂志、书籍，到处都可以获得知识。说现代人具有更多的知识，是不争的事实；但如果因此便认定现代人成功的几率更大，却未必如此。

为什么呢？因为头脑清楚，知识愈多愈好；头脑不清楚，知识愈多愈坏。

头脑清楚，才能运用智识。

知识好比肥料，用来栽培清楚的头脑，则肥料下得愈多，头脑愈清楚。若是拿来栽培不清楚的头脑，恐怕肥料下得愈多，头脑愈不清楚。

头脑清楚的人，表现出良好的洞识力，能够明白地看出，哪些知识是合乎自己使用的，而哪些知识，却显然不合乎自己的标准。

我们常说现在是多元化社会，意思是什么话都有人讲而且什么事情都有相当的道理。处在这种好像没有什么是非的环境中，一切判断，不得不以自己主观的标准来衡量。这种相当主观的衡量标准，若是来自清楚的头脑，结果相当正确；万一来自不清楚的头脑，往往不堪设想。

相传吕洞宾下山，有意寻觅不慕富贵而能够传道的弟子。他遇见一位年轻人，随手点石成金，要送给他，这位年轻人不愿意接受。再用手指更大的石头，变成更大的金块送给他，年轻人仍旧不要。再点一山，成为大金山，年轻人还是无动于衷。吕洞宾以为这位年轻人不爱黄金，便问他要什么，想不到年轻人回答："我不要点成的金，我要你那个点金的指头。"

要头脑清楚，必先认识自己。

从“指”比金更重要来看，这位年轻人的头脑十分清楚，知道要点石成金，必须先具备那个能点的指头。然而，从不爱黄金爱指头，显示他贪得无限的黄金来看，这位年轻人贪得无厌，正是头脑不清楚的表现。

可见头脑清不清楚，也具有层次性。真正头脑清楚的人，首先明白人希望成功，必须逐渐提升自己的层次，使自己表现出高层次的洞识力，才是头脑清楚的具体证明。

清楚的头脑，乃是成功的基础。吕洞宾的指头十分可贵，然而我们再羡慕，也不可想要他的指头。要金的人，固然头脑不清楚；求“指”的人，头脑又何尝清楚？

要头脑清楚，先切实认识自己。成功的基础，在做好下面六件事：

1. 理清自己的观念。

2. 了解自己的性格。

3. 调整自己的习惯。

4. 培养自己的兴趣。

5. 判断自己的能力。

6. 确立自己的理想。

1.理清自己的观念

定期清理自己的脑袋。

任何人从出生到现在，都是不断地把各色各样的观念，堆积在自己的脑袋里。如果从来没有整理过，怎么能够期盼有一个清楚的头脑呢?

请看一看自己所使用的抽屉，若是过一段时间，不加以整理，会不会产生下面这几种现象?

1. 堆得乱七八糟，每次想拿什么东西，都要花费许多时间，翻来翻去，有时候还找不到。

2. 有一些好东西，被长久压在底下，压坏了，以致不能用。

3. 新的、旧的堆在一起，有时候拿到旧的，反而不会去找新的。有时候拿到新的，却不见得合用。

反看我们自己的头脑，像不像一个长期没有整理过的抽屉，里面什么东西都有，只是乱七八糟，根本没有头绪?

抽屉需要定期整理，仓库需要定期清理，难道人的脑袋，就不必花费一番心思，来加以整理?

树立正确的成功观念。

整理脑袋，主要在理清自己的观念。我们提供一些正确的成功观念，供大家参考：

1. 成功固然是必要的，但是现代社会盲目鼓励大家从事无情的竞争，显然是促使社会道德败坏的主要原因。如果再以金钱为衡量成功的唯一标准，那就更加令人忧虑。

追求成功，务必注意手段的合理合法。任何不择手段以求取成功的念头，都应该毫不犹豫地予以扬弃。

衡量成功的标准，不能限于金钱，其他物质或财富，应该兼顾精神和健康等方面，以免过分看重某一种因素，而迷失了自己。

2. 人无志不立，但是志向必须深长远大，不为少数人的利益着想，去我去私，不为个人打算，更不可害及别人。立志的最高原则，孙中山先生认为是“要立志做大事，不可做大官”。

凡事多问应该不应该，凡是认定应该做的，就要择善固执，不屈不挠，不成功誓不罢休。

立志做第一等人，第一等事。大家一生所学，要立志为社会人群做一番事业，这才无愧于心，心安理得。

3. 人应该知命，却绝对不可以认命。我们之所以不能成功，并非由于上天的安排，而是因为我们自己不想成功。只要不违背老天的旨意和社会的法则，我们都有权利选择成功的目标，凭着我们的努力，也必然能够成功。

失败的人常常埋怨命运不济，成功的人才知道一点一滴，都是努力的成果。可见努力能够改变命运，甚至创造命运。

4. 真正的成功，乃是一种综合内心的满足、快乐和自我实现的感觉。但是，中国人自古便有“在人群中成就个人”的理想，我们绝对不可以只顾自己不顾别人，所以不能采取西方那种跃进的征服态度，最好以中国人渐进的感悟态度来获取成功，比较圆满。

时下的风气，逐渐倾向于凌厉而带有侵略性，动不动就令人下不了台，或者没有面子。这种作风，并不能以德服人，仅能得到表面上的成功，殊不足取。

为什么龟兔竞走的故事，中国人主张以龟为师？用意在提醒我们，勤勤恳恳，一步一步循序渐进，只要不间断，自然有成功的一天。现代人希望速食式的成功，经常引起“聪明反被聪明误”的悲剧，实在得不偿失。

5. 财富和地位，只是成功的副产品，却不是成功。自己有成就感，而且也让周遭的人，自发地觉得十分快乐，这种能够共同分享的成功，才值得追求。

成功与良好的人际关系同等重要，缺一不可。良好的人际关系不能带给我们成功，真正的成功却必须包含良好的人际关系。因为人际关系失调，成功就带有严重的缺陷。

6. 与其早成功不如晚成功，与其晚失败不如早失败。

不要盲目要求尽早成功，以免过早的成功使自己骄狂，种下日后失败的恶因。不要害怕失败而不敢尝试，以免过度紧张而失去成功的机会。

2.了解自己的性格

从了解自己的性格着手。

人的命运，其实就是自己的性格。有什么样的性格，就会造成什么样的命运。

性格决定一个人适应环境的方式，包括怎样了解自己，怎样影响他人，对自己有怎样的看法，以及具有哪些特质。

人的性格，受到遗传、环境和情境三方面的影响。一个人的身高、容貌、性情、肌肉成分、体能状况，接受父母的遗传。而早期的家庭状况、居住地的文化、所处的环境，以及各种经验，都是塑造性格的重要因素。至于情境，则会增强遗传和环境对性格的影响力，因为不同的情境，会使相同的遗传和环境产生不一样的性格。

检讨自己的性格，属于哪一类型。

有一种“工作匹配理论”，将人的性格，分成六种类型。每一种类型的性格，都有其合适的职业。兹将性格与工作的匹配，列举如下：

1. 实际型——攻击行为，多需要技巧、力量和协调的身体活动。选择职业以农业、林业、建筑业为宜。

2. 探究型——除了感觉和情绪以外，需要思考、组织和了解的活动。选择职业以数学、生物学、新闻报道为宜。

3. 社会型——重视人际关系。选择职业以社会工作、侨民服务、临床心理学为宜。

4. 传统型——依循有规则的活动，把个人需求提升到组织或权力以及地位。选择职业以会计、财政、法人团体的管理为宜。

5. 企业型——重视以语言影响他人，获取权力和地位。选择职业以公共关系、法律、中小企业管理为宜。

6. 艺术型——重视自我表达、艺术创作或情绪活动。选择职业以音乐、艺术、写作为宜。

人与人间确实有性格的差异，如何了解自己的性格，据以选择适合自己的职业，对于成功的影响相当大。

1. 艺术型的人，从事音乐、艺术或写作，成功的几率最大。选择探究型、社会型所匹配的职业，比较相近。从事实际型、企业型所匹配的工作，并不合适。而选择传统型所匹配的职业，最不适当。

2. 实际型的人，从事农业、林业或建筑业，最容易获得成功。选择探究型、传统型所匹配的职业，比较相近。从事艺术型、企业型所匹配的工作，并不合适。而选择社会型所匹配的职业，显然最不恰当。

3. 企业型的人，从事公共关系、法律、中小企业管理，成功的机率最大。选择传统型、社会型所匹配的职业，也比较相近。从事艺术型、实际型所匹配的工作，很不合适。而选择探究型所匹配的职业，很难获得成功。

4. 探究型与实际型、艺术型相近，与传统型、社会型较远，而与企业型最不相似。

5. 社会型与艺术型、企业型相近，与探究型、传统型较远，而与实际型最不相配。

6. 传统型与实际型、企业型相近，与探究型、社会型较远，而与艺术型最难匹配。

然而要确定自己属于哪一型的性格，却不是一件容易的事。

自古以来，就有人主张从面相来了解人的性格。通常我们把脸部分成上、中、下三部分，上部包括眼睛和额头；中部包括颊骨和鼻梁；下部包括鼻梁下端和整个下颚。上部为知性部分，表现出一个人对事物的理解能力；中部为感情部分，代表对家人的爱情和对子女的喜爱；下部则为适应部分，表现出一个人与本能欲望的关系，以及自然的活动性。我们可以从脸部的上、中、下哪一部分特别突出，来判断自己的性格。

有人则认为脸部的左、右两半，左半部代表社会性格，而右半部表现内面性格。从脸的左右相称，看出自己的性格。

有人主张从手相看性格，也有人认为笔迹是精神的表现，可以从笔相当中，看出性格。

这些都有待进一步证明，只能参考而已！

比较妥当的做法，是请教高明。

最方便而可靠的方法，莫过于请教父母、师长或亲朋好友，或者到各地的国民就业辅导中心、青辅会做一些职业性向测验。因为父母、师长对我们的性格，多半十分清楚。而性向测验这类科学方法，当然比算命或道听途说更能够帮助我们了解自己的性格。

3.调整自己的习惯

从习惯来判断自己的性格。

性格比较不容易判断，习惯却可以比较明显地看出来。当我们经常重复同一行为时，我们便知道：自己有这种习惯。把过去对事情的反应和行动方式，表现在眼前，就叫作习惯。

想改变自己的命运，要从改变自己的性格着手。而要改变自己的性格，最好调整自己的习惯。

习惯有好的，也有坏的。我们所要调整的，乃是不良的习惯。破除坏习惯，一方面可以摆脱自己不喜欢的事情，一方面可以减少成功的阻碍，有利于如期获得成功。

找出自己的不良习惯。

什么是不良习惯呢？下面六种形态，都是不良的习惯：

1. 对身体有害的习惯。如吸烟、暴饮暴食、吸毒、酗酒等明显地伤害自己的身体的习惯。此外，长期压抑愤怒，也会造成生理上的伤害。

2. 会激怒别人的习惯。喜欢敲打桌子；经常发出思思哼哼的声音；讲话之前用力清喉咙；老是希望受到别人的恭维；随便用手推扯别人。

3. 自己不喜欢的习惯。咬指甲、抓头发、打哈欠、挖鼻孔、扯衣服、捏手指以及一些影响观瞻的动作，如果自己并不喜欢，最好改掉。

4. 自己不赞成的习惯。泄露别人的秘密、背后议论他人的是非、随手拿取别人的东西、浪费公物、践踏草地、随手丢弃废物、扯谎等等与自己道德标准相抵触的行为。

5. 对自己不利的习惯。到时间一定要吃饭，吃不到就乱发脾气；不停地问人家现在几点钟；不管大家在做什么，坚持按自己既定的生活规律，以致无法享受某些事情，例如除夕守岁、中秋夜赏月等等。

6. 会影响效率的习惯。浪费时间说一些口头禅；花费精力做一些毫无益处的动作；说一些没有意义的话；做一些无聊的事。这些习惯不仅浪费时间，而且可能会惹麻烦，最好赶快加以破除。

下决心去除自己的不良习惯。

习惯是重复出现的行为，如果不下决心改掉不良习惯，就会不断地继续下去。破除不良习惯的方法，温柏（Ceorge Weinberg）博士提出三大步骤，简单说明如后：

1. 分析自己的习惯。依据上面所列举的六种不良习惯，把自己的不良习惯找出来，并且花一个星期的时间，好好观察这些不良习惯是怎么运作的。

2. 了解自己的习惯。观察自己在什么时候出现这些不良习惯，包括大概是因为什么原因引起的，在这个时候通常和哪些人在一起，他们给自己怎样的感觉。

3. 调整自己的习惯。在观察和了解不良习惯的那一个星期中，继续原来习惯的冲动会逐渐增强，这是许多恶习无法革新的主要原因。寻求切实调整自己习惯的方法，必须把握下面三大法则：

①当决心根除一个习惯的时候，要马上全部停止这种行为，不要逐渐减少次数。

②尝试革除一个习惯时，任何涌现在心头的自我反省，都应该仔细加以斟酌。

③一旦感觉到这个习惯发出的冲动，就要勇敢地承认，并且不要苛责自己。这时候可以想象自己变成一个崭新的人，这种冲动不过是暂时的反应而

已，很快就会有所改进。

最要紧的是立即行动。

调整习惯的时候，如果觉得旧有习惯的冲动十分强烈，可以问自己下面这些问题：

1. 为什么还想做这个不好的事情呢？

2. 不做这个事情，会失去什么呢？

3. 放弃这个习惯，有什么伤害？

4. 别人会怎么说我呢？

5. 可能会发生哪些可怕的事情呢？

6. 目前的状态使我想起过去的什么？

温柏博士告诉我们，同时消除五个习惯，比一个一个消除来得容易。要想成功，最好把自己的不良习惯，一起找出来，下决心一次把它们调整过来。

4.培养自己的兴趣

有兴趣就容易成功。

梁启超先生说他是一位兴趣主义者，主张“凡人必常生活于趣味之中，生活才有价值”。他觉得天下万事万物都有趣味，只嫌二十四小时不能扩充到四十八小时，不够享用。他一年到头不肯歇息，问他忙些什么，他答忙的是他的趣味。他以为这便是人生最合理的生活方式，也常常想劝别人也过同样的生活。

凡属趣味，梁先生一概都承认它是好的。然而，什么是趣味呢？他说：“凡一件事做下去不会生出和趣味相反的结果的，便属趣味的主体。”赌钱是趣味吗？输了怎么样？喝酒是趣味吗？病了怎么样？做官是趣味吗？没有官做的时候怎么样？跳舞是趣味吗？不跳的时候呢？诸如此类，虽然在短暂的时间内好像有趣味，结果，却经常闹得很没趣。梁先生认为这些事情，都不能算是趣味。

那么，趣味是什么呢？他主张趣味的性质，总要以趣味始，以趣味终。所以他认为劳作、游戏、艺术、学问才是趣味的主体。

他特别声明，不是用道德观念来选择趣味。他说：“我不问德不德，只问趣不趣。我并不是因为赌钱不道德才排斥赌钱，因为赌钱的本质会闹到没趣，闹到没趣便破坏了我的趣味主义，所以排斥赌钱；我并不是因为学问是道德才提倡学问，因为学问的本质能够以趣味始以趣味终，最合于我的趣味主义条件，所以提倡学问。”

任何工作，如果能够以趣味始而以趣味终，当然容易获得成功。但是一般人对于工作，总是抱着不得不做的心情，似乎提不起兴趣，以致很不容易成功。

培养兴趣有四条大路。

好在兴趣是可以培养的，依据梁启超先生的提示，培养兴趣，好像有下面几条路可以走：

1. 无所为。培养兴趣最重要的条件是“无所为而为”。凡是有所为而为的事情，都是以另外一件事为目的，而以这件事为手段；为了达到目的，勉强用手段，目的达到时，手段就被抛掉。例如学生为毕业证书而读书，工人为工资而工作，歌手为赚钱而唱歌，虽然有时也可以引起兴趣，但是真正发生兴趣，必定要和“有所为”脱离关系，为游戏而游戏，为生活而生活，为工作而工作，才有真正的兴趣。如果为了分数而游戏，为竞争而生活，为赚钱而工作，那就没趣了。

2. 不停息。人类的本能，只要某一部分搁久了不用，那一部分就会麻木、生锈。十年不走路，两条腿一定会废了；每天跑一小时，跑上几个月，如果有一天不跑，腿便会发痒。人类原是习惯动物，任何事情做习惯了，就会产生兴趣；久久不停息，便叫作上瘾。多花一些时间，不停地去做，很快就培养出浓厚的兴趣。

3. 要投入。兴趣总是慢慢地来，愈引愈多，愈深入愈有兴趣。譬如倒吃甘蔗，愈往下才愈得到好处。从事任何活动，不要存心消遣。缺乏研究的精神，兴趣就引不起来。选择合适的工作，一层一层地往里面深入去研究，一定会欲罢不能，产生很大的兴趣。

4. 找朋友。兴趣和电一样，愈摩擦愈能产生。不停息和用心投入，是靠自己和工作相摩擦，万一自己停摆，电力便弱了。如果能够找到一些志同道合的朋友，一起摩擦，彼此切磋，大家都有兴趣，对大家都有助益。

成功的基础，就是找一份自己喜欢的工作，然后努力去做。不要过分期待未来的成果，反而应该培养出浓厚的兴趣。不喜欢的工作，缺乏兴趣，一天到晚企盼着成功早日来临，是毫无道理的。

有些人刚开始工作时十分热心，但很快就借故停止不做。这种缺乏工作热忱的人，做到哪里就算哪里，不可能成功。缺乏工作热忱的主要原因，即在提不起兴趣。唯有兴趣浓厚的人，才能够抱持非成功不可的决心，好像开始掘井，一定要掘到井水涌现为止。

5.判断自己的能力

能力是广义的，不要局限在某一方面。

真正的能力，包括才能与品德。狭义的能力，则偏重于才能，而把品德修养，看成另外一种东西。

才能指办事的方法和思考的能力，亦即不但能做，而且要能想。能想能做的人，具有才能。

品德指言行合理和光明磊落的节操，前者表现于平时，而后者往往要危急时才能显现。有些人言行合理，却在危急时不知所措，做出令人失望的行为。有些人由于特殊的需要，平日言行不见得合理，危急时却表现出崇高的节操，大家才恍然大悟，原来他是这样的伟大。

自古以来，有才能的人，品德修养不一定好；而品德良好的人，才能也未必就高。由于才能与品德很难兼备，所以把它们划分开来，而且逐渐轻品德而重才能，造成今日社会的不安宁。

品德是成功的重要因素。

成功的人，必须品德重于才能。请看谭延闿先生和汪精卫先生的书法，很多人都认为汪体并无不及谭体，但是学习书法的人，却只有学谭体而没有自称为汪体的。汪精卫先生的才能，相当令人钦佩；他的品德，则由于晚节不保，被大家视为不值得尊敬。因为品德不够理想，连带把他那书法的才能也一笔勾消了。

希望获得成功，必须从品德和才能双方面检讨自己的缺失，以便更进一步，提升自己的能力。

品德方面，我们建议以自己是不是父母的好子女为考察的起点。为人子女是做人的第一种角色，如果扮演得不好，其他角色，还能够期望自己扮演得好吗？

陈大齐先生曾经感叹“为子不易”，他说：“一个人呱呱坠地，自然而然成了父母的子女，在子女本人没有什么不易。饥了，父母会为之供养；冷了，父母会为之供衣。及稍长大，父母仍会为之供给衣食。即使家庭经济状况不佳，有饥寒之虞。焦心苦虑的，是父母，不是子女。及再长大，找不到工作，得不到温饱，这是生活的不易，还不是为子的不易。”那么，为子不易，指的是什么呢？“在物质方面，要使父母不愁匮乏；在精神方面，要使父母经常欢乐。这已经不是很容易的事情了。还要更进一步，做出些是以光耀门楣的事业，使亲友们见了你的父母，都会称赞一声好福气，这更非易事了。”

看看今天那些不成功的人，是不是只知道托父母的余荫，在家舒适过日子，出外莽莽撞撞仿效太保太妹的行径呢？可见按照做子女的道理，来修养自己的品德，是多么重要。

做好子女，并不是只要听话，顺从父母就好了。古人说孝，单用一个“孝”字，不用“孝顺”这个复词，可见真正的孝，必须明辨可顺与不可顺。陈大齐先生认为“只可顺从其可顺从，不当顺从其不可顺从”，如果连不可顺从的也一并顺从，那么就转而成为不孝了。

判断能不能顺从父母，成为考察自己才能的第一步。拿什么标准？用什么方法？采取什么态度？都要能想也能做，才不致使自己连基本的子女都做不好，否则谈什么成功？

激励品德要有标准，要讲求方法。

荀子的标准，一共三点：

第一，以父母的安危为标准。能安可从，可能危即不可从。

第二，以父母的荣辱为标准。凡有助于父母的荣辱的，可从。可能辱及父母的，不可从。

第三，以命令的善恶为标准。能够致善的，可从。可能为恶的，不可从。

方法呢？先谏后争。不能够顺从的时候，要恰色柔声地劝阻，不可疾言厉色地指责。如果不能采纳，则比谏更进一步，要争，也就是“不听便不休”的意思，想办法一劝再劝，务必把父母从不义中救出来。

采取的态度，可从的必须遵从，不应该躲避；不可从的，要合理地坚持。实在没有办法的时候，偶尔阳奉阴违，亦无不可。陈大齐先生说：“阳奉阴违，原属不道德的欺骗行为，不应施于父母，但不得已而偶一为之，亦未尝不是权宜的办法。例如父母嘱走内线或送红包，以猎取高位厚禄，坚拒不从，引起父母的愤怒，损及其身体的健康。不若诡称已走内线而走不通，已送红包而未被接受。虽令父母失望，尚不致因愤怒而损及健康，亦不致因遵从而招来耻辱。”

品德与才能的判断，本来十分抽象而不够客观。现在从自己有没有做好子女来判断，比较容易获得具体而客观的判断。真正成功的人，必须首先通过这种判断。否则有一天，会悲伤地发现自己的成功，并不实在。

6.确立自己的理想

增强自己的洞识力。

洞识力的具体表现，在确立自己的理想。一个人理清自己的观念，了解自己的性格，调整自己的习惯，培养自己的兴趣，以及判断自己的能力，无非想得到清楚的头脑，以便正确地建立自己的理想。

无论什么人，都希望自己能过着家庭美满、事业顺利、身体健康、精神愉快、经济富裕、没有烦恼的生活。然而，在这些共同理想的达成中，每一个人所要求的境界，仍有不同。

有一天，孔子在放学后，和他的两位弟子颜渊、子路随兴交谈，孔子要他们说出自己的理想。

子路说："如果我能够在政界取得要职，有车、马、衣、裘，我会拿来和朋友共同享用，即使被用坏了，我也不感到遗憾。"

颜渊平静地说："我希望有一天对国家社会有贡献时，能够做到不夸耀自己的才能，不夸大自己的功劳。对于份内事，都始终能够虔敬地去完成。"

最后孔子说："我希望能让年老的人，都得到奉养，过着安乐的生活；朋友之间，都能够诚信相处，不互相猜疑；年少的人得到适当的教养，并且能够感怀亲德。天下的人都各得其所，处处祥和。"

子路在心理上，把他的朋友都当成不如自己的人，是不是显得过度自负？

颜渊不夸长处，不过分膨胀自己，就今天的眼光来看，已经十分难得。但是他仍然以自我为中心，在潜意识中，"我"的分量还是很重。

孔子"无我"的境界，以他人的安身为自己奋斗的理想，实在是人生最高的理念。

我们当然不敢寄望所有的人，都以孔子的理想为准则。因为理想如果不是发自内心，那就是有声无力的东西。嘴巴说得动听，实际上不想去做，不过是自欺欺人的把戏。

成功的人，一定有自己的理想，说起来理想就是使命感，使自己坚毅不拔地朝向目标去努力。

人生不如意事，十常八九。希望的是家庭美满，实际上则家庭常起风波。期待的是事业顺利，现实却常遭挫折。要求身体健康，实则常常生病。如果没有理想，缺乏使命感，很可能为眼前的不如意而痛苦消沉，从此向逆境低头，而虚度人生。

有了自己的理想，才能够不折不挠，将逆境当作最好的磨练，凭着坚强的使命感，使自己勇敢地向困难挑战，成功地完成使命，实现理想。

确立自己的理想，以求头脑清楚。

怎样确立自己的理想呢？我们建议先思考下面这两个问题：

1. 我对自然应该怎样？

除了人以外，都属自然。自然被综合起来，统称为“物”。中国人把它和“事”连在一起，叫作“事物”，主张“物有本末，事有终始”。想想看，我对事物的态度如何？是追求、探究、利用、操纵、克伐、征服，还是爱惜、珍重、共存、培育？

2. 我对社会应该怎样？

社会由人群组成，对社会的态度亦即对人的态度，到底是角逐、欲求、征服、压制，还是友爱、谦和、推己及人？

我们建议，首先确立自己对人、对事、对物的基本原则，然后拿自己的原则来重新检讨自己的所作所为，看看是否能够一贯而不自相矛盾，如果前后一致，可以说头脑相当清楚了。

修炼内功第二步：归纳力

二　明确归纳自己的成功目标

导读

· 成功包含哪三个阶段？
· 为什么要设立自己的成功目标？
· 用演绎法建立目标有什么缺失？
· 目标太高，会产生什么后遗症？
· 用归纳法建立目标有哪些好处？
· 归纳目标要注意哪些原则？
· 订定目标为什么要自发、自创、自行？
· 怎样订定自己的成功目标？
· 如何分析所订目标的可行性？
· 怎样确立分段目标以利实施？

成功由目标、计划和实施三个阶段组成。

成功必先确立目标，依据明确的目标去努力，比较容易集中精神和力量。命中目标的几率，也就大得多。

一般说来，成功由三个阶段所组成，那就是目标阶段、计划阶段和实施阶段。目标阶段，便是我们通常所说的想做，例如“我想增强自己的沟通技巧”“我想把这种事业做好”，或者“我想扮演好自己目前的角色”。想做以后，马上要评估它的可行性，一旦发现可行，立刻拟订周详的计划；唯有良好的计划，才能保证我们想做的事确属可行！这时用心付诸实施，用行动来达成目标，才能使自己所想做的，获得成功的结果。

想做的出发点，在了解自己的需求。而这些需求，必须符合自己的理想。我们在确立理想之后，才能够订定自己的目标。因为达成符合自己理想的目标，才是自己理想的完成；否则达成目标，却发现自己的理想落空，岂非令人失望?

人有四种类型。

我们不妨把人分成四种类型，列举如下：

1. 混沌型——从来不曾想过自己到底有什么需求，人家给我食物，我就吃；人家供我衣物，我便用。有什么工作，就做什么工作；有何等日子，便过那样的日子。一天到晚，混混沌沌；一年到头，也是混混沌沌。这种类型的人，当然不可能成功。

2. 度日型——想过自己的需求，但是目标并不明确。知道自己要做些什么，却不明白为什么要做。任何可以满足自己需求的东西，都不会排斥拒绝，因而形成矛盾和重复。一天过一天，似乎没有什么特别的愿望。这种人缺乏明确的目标，也不可能成功。

3. 愿望型——对目标稍有自觉，却不能纳入自己的理想。诸多目标，不能汇聚成为目标系统，因此凌乱而茫然。似乎达成了一些目标，内心并不满意，因为自己的理想，好像并不是这样，但是又调整不过来。这种类型的人，往往事倍功半，就算获得成功，也只是局部的成功。

4. 成功型——建立目标体系，把理想融入目标体系当中。由于目标具体，彼此连贯，而且切合自己的理想，不但容易成功，并且觉得十分圆满。

希望成功，必须经常具备目标意识，把许多不同的需求，联结在同一理想的范围内。建立完整的目标体系，把不同的目标，统合在同一理想的领域中。设定目标的方法，古今应该有所不同。

自古以来，大家都在设定目标，不过做法有些不同。我们为求确实有效，必须找出可行的目标设定法。现在分成六个项目，分别说明如下：

1. 往日的做法。

2. 不良的现象。

3. 现代的方式。

4. 目标的订定。

5. 可行的分析。

6. 分段的目标。

1.往日的做法

古圣先贤喜欢用演绎法来建立目标。

古圣先贤建立目标，多半采用“演绎法”。它的特色，在由大而小，由全而偏。

标准的演绎法，采用三段论证。例如：

凡人皆会死，

张三、李四、王五皆是人，

所以张三、李四、王五皆会死。

前面那两句话，叫作前提，第三句话，便是结论。由前提的证据，推出结论的真确性，是演绎的论证。因为有两个前提，一个结论，合起来三段，所以称为“三段论证”。

孔子制定“仁”为道德的理想人格，他说：“仁者爱人。”于是，大家都这么说：

人应该爱人。

张三、李四、王五都是人。

所以张三、李四、王五都应该爱人。

孟子说：恻隐之心就是仁。

墨子说：仁是爱人和爱自己的身体一样。

韩非子说：仁就是心中欢欣愉快地爱别人。

朱子说：使人和万物都能各得其养，各遂其生，就是仁。

梁启超先生说：人格完成就叫作仁。

蔡元培先生说：完成人格便是仁。

胡适之先生认为：仁就是成人。

从此以后，“仁”成为人人所应该具有的理想。只要是中国人，就不应该例外。

孟子说“义”。

孔子在“仁”之外，又重视“礼”。他也把“知”和“仁”并列，说什么“知者乐水，仁者乐山。知者动，仁者静。知者乐，仁者寿”。

他又说：“人而无信，不知其可也。”人如果不信实，不知道怎么能够生存呢。可见“信”也非常重要。

仁、义、礼、知、信之外，又陆续出现一些德目，希望大家共同遵守。

到了民国时代，青年十二守则列举了做人做事的重大原则，好像认真背诵，好好记住，并且确实去做，就是理想的完成。

往昔的日子，只要遵循古礼，便是达成目标。

中国人实在十分幸运，一切事情，都有人替我们安排，随时提醒我们，要大家这样那样，不许如何如何。

人的理想，依据演绎法，只要力行五伦，切实做到“父子有亲、君臣有义、夫妇有别、长幼有序、朋友有信”，便能把父子、君臣、夫妇、长幼、朋友这五种关系，处理得十分妥善，于是社会有秩序，大家都可以获致最大的利益，而个人的理想，也就顺利达成。

现代社会，了不起加上“服从法律、善尽国民义务、注重环境卫生、加强环保意识”，至于从事什么行业、克尽哪些责任、完成何等使命，好像不必计较，一切“尽人事以听天命”，便能够心安理得。

2.不良的现象

目标悬得太高，使大家说得多，做得少。

往日的中国人，都战战兢兢，如临深渊，如履薄冰，拿“以天下为己任”，作为共同的理想。

由于境界过高德目论上“凡事先问义利，再定取舍”，行为上却很难配合，往往造成虚伪造作，名不副实。

大家好像没有注意到，当年孔子、孟子所提出的道德理想，应该是针对当权的诸侯或士大夫，期盼他们以天命为诫，行王道、施仁政，以造福老百姓。一般愚夫愚妇，实在不适宜给予这么高的要求。

最不幸的，则是大家念念不忘既有的德目，逐渐失去独立思考的能力。一天到晚背诵，哪里有自由思索的空间呢？

小学时代，认为自己是国家未来的主人翁；大学尚未毕业，就立志以天下为己任。等到才子梦醒，三不朽落空，才发觉原来都是骗人的，因此混一天算一天，马虎过日子。

有一些人，由于家庭的鼓励，以及社会风气的影响，设法出国留学，尽力久留不归。结果发现异国奋斗的不易、个人与国家的冲突，以及国家不能统一的悲哀，感染了多重的人格分裂症，而苦闷不已。

也有一些人，热爱于批评传统末流的腐朽、无能、堕落、伪善、阻挠进步。整天批判这个，埋怨那个，却又找不到自己的出路。

更有一些人，全盘接受西方社会，特别是美国的观念，重金钱，敢享受，不断创新，并且激烈地竞争。但是，等到年纪稍长，竟然发现金钱与舒适的物质生活，并不是最重要的东西，这才察觉到得来的并不多，而失去的实在太多。

接受古人的理想，反而不能确立自己的目标。

凡此种种不良现象，都是由于只知道接受理想，而不能够自己确立目标。

梁漱溟先生说："中国文化或者是走上了一条过分早熟的道路。过分偏重安身立命的结果，对于科学知识的追求失去兴趣，其结局几至于亡国灭种。"

圣人的安身立命，是经由观察、分析和体会得到的道理。大多数的人，则是依据演绎法，从别人那里获得自己的理想。既然不是自发的，发自内心的，当然不能产生力量，甚至会引起盲目的反感。

设定目标，必须符合自己的情况。过分好高骛远，必然徒劳无功。一次、两次不能达成目标，就会产生挫折感，使自己对目标丧失信心。

成功是一步一步得来的，成功的体验更是逐渐累积而成。以自己目前的能力做基准，设定容易达成的目标，进而逐渐提升，积小为大。

目标必须自己设定，我们应该仿效圣人，经由实际的观察和分析，配合自己的体会，归纳出自己的目标，并追而统合为理想。

往日的做法，产生许多不良后果。身为现代人，必须勇于突破，走上崭新而有效的道路。

3.现代的方式

现代人最好采用归纳法来建立目标。

归纳法和演绎法的差异，在后者由普遍的法则，推论到个别的、单独的事项，而前者则由个别的、单独的事项，归结到普遍的原则。

前面举过的演绎法三段论证：

凡人皆会死，

张三、李四、王五皆是人，

所以张三、李四、王五皆会死。

如果改用归纳法，就会变成：

张三、李四、王五皆是会死的，

张三、李四、王五皆是人，

所以，凡人皆是会死的。

归纳法必须经由观察、实验、假设、证实的过程，才能获致结论。

从各方面的需求来归纳自己的目标。

现代人建立目标，最好改采归纳法。首先把自己对各方面的需求，做一番比较深入的探索。例如：

在生理的需求方面，分别从生理需求和保障需求两大项目，来界定自己的欲望。

生理需求是生存必需的基本需求，也就是满足最低限度食、衣、住、行的需求。如果自己仅求糊口，无更高的欲望，那么自己的目标，即在满足健康、饮食以及性的基本欲望。保障需求意指避免危险，希望安全，不愿被解雇，要求过安定的生活，而且最好不要被上司责骂。如果自己期盼安全、享乐、置产、安定，那么以“找个好靠山，终生有依赖”为目标，多半能够获得满足。

在社会的需求方面，分别从爱情需求和尊重需求两大项目，来了解自己的欲望。

爱情需求包括交换情感，集团结社，以及模仿心目中具有好感的对象。如果自己不喜欢独处，希望在群体中受到大家的认同，就要以“建立良好人际关系”为目标。尊重需求则一方面要满足自己的信心和自尊心，一方面要得到他人的尊敬，这时候“提升自己的实力”和“塑造良好的形象”便成为不可缺少的目标。

在自我实现的需求方面，分别从自律需求和自我实现两大项目，来衡量自己的欲望。

若是要求自己获得充分的自由，可以自主地从事自己的活动，那么目标订为“自律自动”，应该比较合适。如果希望发挥能力，自我创造，完成某些大事，则目标订在“修己以安人”“己欲立而立人，己欲达而达人”，并不算过分。

一般人都有需求，只是没有加以探索和整理，不明白究竟自己有哪些方面的需求，而又需求到什么程度。

换句话说：一般人的需求，仅仅为了大家都这样，所以我也不想例外，并没有强烈的需求意识。这样，有需求和没有需求，实际上都差不多。我有这样的需求，好像是这样的，但是并不十分清楚，而且达成与否，自己也不太介意，似乎没有什么好的办法可以保证获得满足。

现代人运用归纳法来建立自己的目标，首先需要深入探索自己各方面的需求，获得清楚的认识，才会产生一定要努力满足自己这些需求的意识。有了这种强烈的需求意识，一旦把它纳入目标的范围，就会引起坚强的信念，要求自己达到心想事成的地步。

不要盲目接受古圣先贤的理想，尽管那些理想是完美的、崇高的，但毕竟不是自己的理想。也不要盲目接受父母或尊长为自己设定的目标，尽管那些目标确实是正确的、可行的，但终究不是发自本身的目标。

当然，同样不可以盲目拒绝古圣先贤的理想，或者盲目排斥父母长上所订立的目标。

既不接受，又不排斥，那该怎么办呢?

归纳目标有三个原则。

首先，明白古圣先贤的理想，以及父母长上的目标当然都是好的，不过自己不应该不经思考，就盲目接受。因为这么一来，自己往往缺乏强烈的需求意识，认为父母希望我如此，我会尽力而为，结果被动、消极、提不起劲儿，以致不能成功。

其次，告诫自己不可以为反对而反对，非要标新立异，树立和古圣先贤相反的理想，确定和父母长上不同的目标，来满足自己的叛逆意愿。有很多案例，证明这样的态度只能够引起父母的痛心和自己的痛苦，绝对没有好处。

于是，我们应该冷静地拿出古圣先贤的理想和父母长上的寄望做参考，依据自己的需求，来建立自己的目标，构思自己的理想。这时候，我们可能欣然发现，原来彼此并没有太大的冲突，几乎都是能够整合的。但是，经过整合的目标和理想，才是自己真正拥有的东西，有一股力量，驱使自己非达成不可。

成功必须具有强烈的需求意识，而强烈的需求意识则源于自己的内心深处。只有自己努力探索，用心归纳，才最有希望获致成功。

4.目标的订定

想一想自己的理想是什么。

订定目标之前，先想一想自己的理想是什么。如果想来想去，确实是为了心安理得，那么，就拿它当作自己的理想。

如果觉得心安理得、贡献社会、或者悬壶济世这一类的理想，并不合适，不妨把自己的理想写下来，经过一段时间，再拿出来看看，有没有改变，需要什么样的修正和补充。

理想订好，我们就要从另外一个角度，来探索自己的需求。从前面所列举的生理、社会、自我实现三方面，分别确认自己的需求。然后，检查一下，这些需求达成以后，究竟能不能完成自己的理想。答案如果是肯定的，当然很好。如果是否定的，就应该追究为什么不能完成，找出不能配合的地方，研究调整的可能性。

订定目标的时候，最要紧的是了解自己的目标意识。自己问："为什么要订定目标？"然后自己回答。

如果答案是"订给父母或朋友看""有目标比较好"或者"订个目标使自己不会迷失方向"等等，就是目标意识不够坚强，亦即很难获得成功。

假若是"设定目标，必须向目标挑战，非达成不可"，那么就是目标意识十分坚强，成功的可能性很大。

目标意识必须自发、自创、自行。

要具备这种意识，必须做到下述三点：

第一，自发的。目标不是他人给我的，也不是写给别人看的。没有人强迫我，完全出于自动自发，希望给自己订目标，让自己来实行。以自己对自己负责的态度，来订定自己的目标。

第二，自创的。我的目标，没有模仿他人，也不存心和人家不一样。我有自己的理想，要成为我自己，当然可以有自己的目标。人人可以独立特行，只要不违反大原则，应该自创目标。

第三，自行的。目标是订来让自己实行的，不是叫别人去做。自己光说不练，等于没有目标。既然自行，就要确实弄清楚目标是怎么来的？有哪些具体的内容、是否可行，更重要的是：自己愿意去实行吗。

以自发的心情，订定自创的目标，而又切实地自行，就会觉得自己和目标紧紧地联结在一起，不但有挑战的勇气，而且充满了朝气。因为这是自己的选择，丝毫没有为别人而努力的无奈，也不会产生不得不做的苦恼。

把目标分成长期、中期和短期。

目标大致可以分成长期、中期和短期。长期目标是人生的终极目标，属于百年树人的性质，需要一辈子努力，在盖棺论定的时候，才能够核定成果。

为什么要盖棺才能论定呢？因为只要人活着，就可能变好或变坏。人死了，一切都固定下来，划出一条休止线，这时候算总账，当然比较明确。

长期目标，和人生理想很接近。在长期目标方面，大家的想法几乎都差不多。不外乎好好做人，好好做事，成为大家心目中喜爱的人。而最终目的，则摆在心安理得。

中期目标，属于十年树木性质。我们建议，拿三十六岁作为中期目标，明确地列举自己到了三十六岁，这一棵树木要长成什么样子。例如：

1. 品德方面：有责任感，能约束自己，给人一种可靠、积极、向上的感觉。

2. 学识方面：大学毕业，找到自己的兴趣，具备深入研究的基本学识。

3. 能力方面：能说、写、听、看中文和英文，有化解问题的基本能力。

4. 生活方面：没有不良嗜好，能明白生活的意义，不奢侈，懂得安排自己的生活。

5. 事业方面：找到自己的事业，并且建立良好的基础，从此不三心两意，能够坚毅奋斗，全力以赴。

6. 家庭方面：已经结婚，生育子女，三代同堂，家庭生活和谐而有乐趣。

7. 社会方面：加入社团，有一些志同道合的朋友，愿意给社会一些初步的回报。

8. 国家方面：热爱自己的国家和民族，有公德心，遵守法律，成为好公民。

以上只是案例，绝对不是模式。每一个人，要有自己的人生目标，不能够抄袭，应该自创。

短期目标，属于一年种花性质，必须更为具体，以便在今年之内，全部完成。由于一年一度，所以也叫作年度目标。例如某甲为高中学生，今年的短期目标为：

1. 品德方面：无论课业再忙碌，父母交代的事情，一定如期完成。参加社团活动，凡承诺分担的工作，务必切实做到。

2. 学识方面：自己先修拓朴学。

3. 能力方面：自己的问题，先想好化解的腹案，再请教父母或师长，以培养解决问题的能力。

4. 生活方面：彻底戒除“看人抽烟也想抽”的念头，以免养成坏习惯。

5. 事业方面：决定自己的选系。

6. 家庭方面：和弟弟好好相处，做一个好哥哥。

7. 社会方面：从社团活动中提升自己的社交技巧，增强自己领导和被领导双方面的修养。

8. 国家方面：关心国家大事，了解重大政策。

每年春节，通常有较长的假期，最好用来检讨去年的目标是否全部达成，并且继续订定今年的目标。

当然，年度目标必须配合中期目标，而中期目标也应该符合长期目标的理想。这样，才不会互相矛盾，或者走很多冤枉路。

5.可行的分析

排定自己的优先次序，以自我诊断。

首先，我们来测试一下，自己的人生目标究竟是什么。下面有十个项目，请仔细考虑，然后排定自己的优先顺序，并且把选定的次序数字填入各项目上面的括弧内：

（ ）甲：追求快乐。

（ ）乙：实现自我。

（ ）丙：心安理得。

（ ）丁：获得社会的肯定。

（ ）戊：有丰厚的收入。

（ ）己：生活安定。

（ ）庚：受人欢迎。

（ ）辛：追求理想。

（ ）壬：有重大发明。

（ ）癸：能指导他人。

排定次序之后，反过来检讨自己现在的生活或行为，是不是符合自己的人生理想。

这种理想和现实的距离，便是自我诊断的报告。依据诊断报告，再来思考：有什么办法可以缩短彼此的距离。

于是，我们会找出许多理由。这些理由代表负面的原因，告诉我们不可行的因素。

这时候，我们要向另外一方面去思考，找出正面的原因，亦即发现可行的因素。

例如：自己希望受人欢迎，却发现事实上有很多人并不欢迎自己。负面的原因，往往是“课业太忙，无法帮助别人”“不够帅气，不能吸引他人”或者“这些人水准太低，不了解我”。这时需要赶快向正面想，“课业再忙，总有一些举手之劳的事情可以做”“有些人长得比我难看，照样受人欢迎”“不可能一辈子只和高水准的人打交道，所以也需要让水准低的人了解我”。

很多事情，原先认为不可能的，后来都成为可能。实际上天下无难事，只怕有心人。

三十岁以前应该多方尝试。

我们当然承认有些事情确实是不可行的，但是，那是三十六岁以后的事情。三十岁以前，什么事都可行，因为“三十而立”。三十岁以前还可以立的原因，分述如下：

1. 可塑性高。年轻人最可贵的地方，就是弹性大，可塑性很高。趁着年轻早日立定志向，提早切实地去努力，成功的几率很大。

2. 干扰因素少。年轻人所处环境比较单纯，负担不重，外来的干扰因素很少，自主性较高，可以集中时间和精力，做自己想做的事情。

3. 机会较多。年轻人最有利的条件，在容易获得机会。学习的机会多，尝试的机会也多。许多人看见年轻人，都乐于教导他们，帮助他们，条件实在十分有利。

正当的事情，就可以勇敢去尝试。

只要是正当的事情，趁着年轻，多尝试多学习。一方面可以实际测试自己的兴趣和能力，一方面也可以了解自己的理想和提升自己的实力。

遇到挫折，不要马上认定自己不行。这时候不妨多试几次，用心学习。并且请教可靠的长者，应该怎么改善，才能进步。

如果一试再试，效果不佳。而且有许多人，都善意地劝阻自己，不要继续尝试。这时还要问问自己：愿意从此放弃吗？自己愿意，就列入不可行的项目。

除了不可行的项目，都属可行，所以道路依然十分宽广，用不着担心害怕，或者灰心丧志。

6.分段的目标

前面说过，目标分为长期、中期和短期三种。短期目标的实施，可以从每年的元宵节开始，到当年的除夕结束。春节假期，正好作为检讨和拟订新年度目标的时间。

年度目标可以再分为季目标、月目标和周目标。

学生配合学年度，以每年的九月一日到次年的八月三十一日为一年。社会人士采用国历，以元月一日到十二月三十一日为期，甚至配合会计年度，以七月一日到次年的六月三十日为年度，来订立年度目标，均无不可。

要紧的是，不要把一年当作一个阶段，一天一天过去，一直到年度结束时才来进行检讨。这种“算总账”的方式，对于目标的达成，会产生时间已经虚度，悔恨无济于事的弊端，为害甚大。

我们应该把一年一度的短期目标，分割成为四个季目标，再把四个季目标，分割为月目标。有些月目标，可以分割为周目标，甚至进一步列出每天可以测量的日目标。

每周检讨，逐日反省才有效。

不要等到年底，才惊觉忽然又过了一年。不能等到夏天来临，才发现整个春天一事无成。每季检查一次，每月核查一次，每周检讨一次，当然最好每天反省一下，以便及时调整，把握时间有所补救。

基督教徒以星期天为安息日，便是希望我们每周抽出一点儿时间，对自己做一番评估。但是，凭空反省，实在不如订定周目标，然后依据目标逐一核查，来得有效。

例如今年的目标，在增进自己的英语会话能力。那么年度目标订为“活用英语会话两百句”，季目标即为“每季活用英语会话五十句”，月目标可订为“每月二十句”，周目标为“每周五句”，于是日目标订为“每日一句”。这样，一周当中，偶尔由于突发事件不能学习英语会话，七天下来，五句的目标也依然可以达成。一年间拉长补短，并且随时在赶上队伍，应该有把握达成目标。

把年度目标分割成几段，确立分段目标，然后逐段核查，及时赶上，乃是确保依时完成目标的有效方式。

最可怕的借口是没有时间。其实，时间要靠自己安排。安排得妥当，自然就有时间。

每一个人，都应该定期或不定期地重新了解自己的时间到底是怎么运用的。换句话说，尝试着分析自己从早上起床到晚上睡觉之间，究竟做了些什么，便可以明了自己在时间的运用上面，是不是合理。

全面性地分析自己的生活流程，可以从星期一开始，早晨起床之后，拿十五分钟，观察并记录自己在做些什么。这样就能够了解一天当中，哪些时间白白地被浪费掉。然后试着把那些认为没有时间去做的事情，安排在这些被浪费的时段里，看看能不能有效地达成目标。

一天当中，人应该拥有一些什么也不做的时间，但是占的比例太长，就是浪费时间。

自发的人生理想，变成长期奋斗的目标。依据长期目标订定三十六岁就必须达成的中期成功目标，再每年订好能够配合中期目标的年度目标。同时将年度目标分割成为季目标、月目标、周目标，甚至于日目标。于是逐日切实施行，当天验收成果。如果时间运用得合理，必然能够如期达成目标。

但是，能够达成的目标，需要强烈的自愿达成意愿。所以目标的订立，采用归纳法，把自己的需求归纳成为自己的目标，是一种比较有效的方式。

培养自己的归纳力，使自己能够明确地归纳出自己的行动目标，明白自己可能成功到什么地步，乃是成功的必要条件，说起来便是自己具有充分的信心。

目标尽可能用数量来表示，不能量化的目标，也要力求具体。愈具体愈方便分割，也愈容易正确地评核。

修炼内功第三步：包容力

三　同时兼顾成家和立业

导读

· 什么叫作兼顾？
· 为什么要求多方面平衡发展？
· 什么叫作完整？
· 为什么绝对倾向使人不幸福？
· 什么样的人生，才能美满？
· 真正的喜悦，有什么象征？
· 虚有其名，为什么并不充实？
· 怎么由敬业而乐业？
· 人的性格，由谁来决定？
· 成功和智慧，有什么关系？

兼顾就是重视整体的关联性，力求平衡和稳定。

大自然是一个息息相关的生态网，借着互相消长与生克的关系，维系着整体的平衡和稳定。

中国人自古以来，重视整体的关联性。我们常说的阴阳五行，并不是构成宇宙万物的元素，而是在生生不息的流变中，万物状态或功能关系的呈现。

拿现代的话说，宇宙是一个大系统。这个大系统的万事万物，彼此互有关系。有时此占优势，有时彼占优势，呈现相生相克的状态。但是彼此之间，拥有相同的价值，缺一不可。

成功的人，必须多方面平衡发展。

人也和宇宙一样，是一个大系统。其中有人有物，需要精神涵养，也需要物质供应，才能够内外兼顾，从而获得真实的幸福。

孔子教育弟子，德行、言语、政事、文学四科并重。现代学校教育，正常的话，也是德、智、体、群四育同时重要。

曾子把实现人类幸福的途径，列出一个十分详细的程序，分别为格物、致知、诚意、正心、修身、齐家、治国、平天下。

这些说法，都在提醒我们，一个成功的人，应该是各方面平衡发展而且稳定成长的。

有人身体十分健康，却不觉得幸福。因为他缺乏谋生的能力，生活得很困苦。

有人家财万贯，在社会上也很有地位，却由于没有一男半女，而常感遗憾。

也有人福、禄两全，而夭寿早逝，令人非常惋惜。

不错，天下事圆满难求。中国人也知道求全不易，却不折不挠地企盼能够委屈求全。

求全的意思，并不是样样得第一，每一方面都要出人头地。

中国人求全，其实是兼顾各方面，求得整全的进步。不要专心致力于此，忽视了彼。因为彼此对人生来说，乃是同等重要的。

各方面合理发展才叫作成功。

我们的看法：过与不及都属失败，只有“中”可以成功。“中”就是“合理”，所以各方面合理发展，才叫作成功。

现在分成六个项目，来探究什么才是各方面合理的发展，分述如后：

1. 做一个完整的人：崇德，广业，厚生。
2. 做一个幸福的人：家庭、事业兼顾并重。
3. 做一个美满的人：公私，内外，上下。
4. 做一个喜悦的人：能忙碌也懂得休闲。
5. 做一个充实的人：实至名归，名实相符。
6. 做一个智慧的人：有智慧，能善用知识。

1.做一个完整的人

完整的人，最具有价值。

植物顺着自然的法则，春天开花而秋天结成果实，有生命的效用却缺乏知觉。

动物有低级的知觉，如性欲、食欲。也有生命的效用，例如牛耕田、马拉车、狗守门、鸡司晨。但是这些效用，并没有什么价值和意义。

人有效用，也具有知觉，更含有辨别是非的能力，产生价值的意义。

我们时常听见这样的话："人做到这种地步，实在没有价值。"

最有价值的人，我们称为圣人，圣人就是最完全的人。可见做一个完整的人，才是做人的成功。

完整指崇德、广业、厚生三方面兼顾。

什么叫作"完整"？中国人认为：崇德、广业、厚生三方面都能够兼顾，便是完整的人。

1. 崇德

崇德便是发扬盛德。中国人对于道德的意义和内涵，并没有明确的界定。我们深信人有良知、良能，可以掌握自己的良心，达到盛德的境界。

儒家的道德理想，简单来说，是仁心。今天世界上普遍反贫穷、反种族歧视、反暴行、反侵略、反剥削、反极权政治、反经济垄断，其实都是仁心的表现。

仁心的原则超越地域和时代，现在有些人拿“多元化”或“相对比”来否定仁心的超越性，实在是造成现代人迷失中心思想的主要祸端。

刘述先先生认为：“世间有变易与不易的成分，我们要在紊乱中维持自己宁静的眼光，理出一条头绪来。这样才能不失自己内心的主宰，一方面维持人心的超越原则，一方面反省仁道在现代的现实方式。”

以现代化的方式来实现仁心，就是现代化的崇德。

2. 广业

广业的意思是开展事业。人的一生，立德是最高的境界。但是德行的表现，最具体的莫过于事业的发展。因为开展事业，不能仅凭智慧、钱财或技艺，还要有良好的德行，才能持久发展。

《易经》把“崇德广业”看作人生的常轨，认为增进素养，扩大事业，乃是合理行为的门路。可见广业和崇德，应该是互相衬托，相得益彰的。

中国人主张三不朽，便是“立德、立功、立言”，崇德有如立德，广业正是立功的一种表现。如果再把自己的言论，系统化地整理出来，完成立言，那就真是三不朽了。

现代流行关系企业，事实上就是“广业”的应用。横向或纵向的伸张，使自己的事业基础更为稳固，而且此起彼落，此落彼起，减少很多风险。事业做得广大，才能够立于不败之地，不致随景气的起伏而发生波动。

3. 厚生

崇德广业之外，厚生十分重要。厚生的意思是使人民生活丰足，在这里则指扩大事业经营，对内要照顾员工的生活，对外要善尽社会责任，使赚来的钱，获得合理的运用。

一个人赚钱固然要紧，懂得怎样适当用钱，也是非常珍贵的智慧。有人说：“取笑一块钱的人，总有一天会为一块钱而哭泣。”今天有些人看不起一块钱，认为就算在街上踢到一块钱，我也懒得弯腰把它捡起来，这种人对金钱的价值缺乏了解。但是，看到一块钱，毫不在意地随手把它花掉，这种人同样不明白金钱的重要性。

因为崇德广业而获得的金钱，必须在不浪费的原则下，把它用在有意义的地方，造福社会人群。

修养自己的品行，开拓自己的事业，造福自己的社会。这三方面都能兼顾，同时有正常的发展，这就是一位完整的人。

2.做一个幸福的人

绝对倾向使人不幸福，但是很难摆脱。

放眼看去，人类不但不能幸福，而且有很大的危机。汪少伦先生研究人类不幸福的原因，指出人类在四种基本欲望，亦即生存欲望、异性欲望、权力欲望与合群欲望方面，都有相当严重的绝对倾向。他说：“如就生存欲望来讲，个人不但要设法保有自己或相对求生，而且要绝对保存自己或绝对求生。因为个人要绝对求生，所以个人不但多好生恶死，而且多贪生怕死；因为个人多贪生，所以凡有益于个人生存的东西，无不极力追求。财产或金钱是可以换取各种生存物品的，如饮、食、衣、住等，所以财产或金钱有益于个人生存。因为财产或金钱有益于个人生存，所以个人无不尽量设法争取财产或金钱。财产愈大愈好，金钱愈多愈好。为争取大的财产，不惜运用任何手段，甚至于极卑鄙的手段；为争取多的金钱，不惜付出任何代价，甚至于自身的生命。”

异性欲望也是如此。“例如个人不但求爱，而且贪爱。因为个人多贪爱，所以在主观上，男人无不希望多有几个女人，女人无不希望多有几个男士。男人多说‘文章是自己的好，太太是人家的好’，而女人多说‘美丽是我的第一，先生是人家的第一’。现代心理学家亦多承认人类有多偶倾向。个人既绝对求爱，自然要绝对恶弃。因为个人绝对恶弃，所以男人尽管自己希望多有几个女人，却不愿自己的女人去爱旁的男人，自己女人如爱旁的男人，自己必大吃其醋。女人尤其是如此，所以女人的醋劲儿更大。历来情死与情杀多为醋劲儿，或恶弃的具体表现。”

权力欲望更是如此。“在消极方面，个人无不尽量追求自由；在积极方面，个人无不尽量追求地位或权力。因为追求自由，所以希望外来干涉愈小愈好，以便本身能尽量发挥自己的个性。倘使外来的干涉稍多，则不惜加以反抗。反抗的结果，即使牺牲性命，亦在所不惜。因为追求地位或权力，所以希望他人能接受自己的命令，或者以自己的意志为意志。倘使他人接受自己的命令，便觉得光荣；倘使他人违抗自己的命令，便认为是一种耻辱。”

至于合群欲望，实际上也不例外。“大多数人不但喜欢‘交朋结友’，而且喜欢‘植党营私’。不但自己所属组织的价值超出一切价值，而且自己所属组织的利益，也超出所有的利益。自己所属组织的言论，即为绝对的‘真’；自己所属组织的表现，即为绝对的‘美’；自己所属组织的行动，即为绝对的‘善’；自己所属组织的领袖，即为绝对的‘神’或上帝。为了实现自己所属组织的利益，不但国可卖，而且族亦可灭。”

偏道思想形成绝对要求，使人不幸福。

无论哪一种欲望，一旦走上偏道，形成绝对的要求，这个人就毫无幸福可言。

《红楼梦》中的《好了歌》说：“世人只晓神仙好，只有儿孙忘不了，痴心父母古来多，孝顺儿孙谁见了？”汪少伦先生认为“天下无不是的父母”，只是少数伦理学家的理想；而“天下无不好的儿女”，却是普遍的事实。可见父母对子女大多盲目地爱、过分地爱，以致害生于恩，使子女失去一部分幸福。

父母之爱尚且如此，其他的偏道欲望，更不用多言。人要幸福，必须对各种欲望，都加以理性的管制。不但考虑自己的需求，而且要考虑他人的欲望。唯有择善去恶，调和理欲，才能获致真正的幸福。

成功的人，必须家庭与事业兼顾并重，缺一即难以幸福。而在兼顾并重之中，应该把握“既知有我，也知有群”的原则，不但不可强调为自己活，也不必勉强自己为他人活。这样的成功，才有幸福可言。

有事业却失去家庭，终究有缺憾。有家庭而没有事业，家庭不能幸福。两者并重，家庭与事业兼顾，便是幸福的成功者。

3.做一个美满的人

公私兼顾才能美满。

《吕氏春秋》说："天无私覆也，地无私载也，日月无私烛也，四时无私行也。"宇宙天理乃是大公无私。

孔子的儿子叫伯鱼，有一次陈亢问他："令尊有没有单独教你一些别人学不到的东西？"伯鱼回答："从来没有。"孔子教学从政，一片公心。

中国人一向赞美天理公心，鄙视营私舞弊。私心好像就是恶魔，我们毕生努力，似乎也就是为了去私心。自私的人由于私心迷窍，经常因私害公，遭遇失败。

不错，人应该立公心，才能够成功。但是没有私心的人，照样有私的一面。例如私生活、私人的积蓄、私交、私人的小秘密，只要不危害天理公心，个人的隐私应该受到尊重。

有些人公而忘私，一天到晚忙于公事，对于私人的交谊，一概置之不理。说起来这种人不是不了解天理公心，便是有意拿天理公心来掩饰自己的私心。因为私人的交谊也是天理公心的一部分，不理会私交的人，内心仍旧是自私的。希望把全部的时间和精力，投入公务，以求取自己的成就，却不理会亲戚、朋友、邻居的感受，难道还不够自私？可见过分强调"公的部分"，很难掩饰"私的部分"。真正没有私心的人，必然公私兼顾，用公心来处理公的事物，同样拿公心来处理私人事务。

任何组织都有内、外之分，于是有些人和自己人十分相好，却和外人经常吵架；也有些人善于攘外，而拙于安内。偏重于内和侧重于外，实际上都不能成功。

有友爱的兄弟姐妹，在家时固然很好；缺乏彼此照顾的朋友，出门时就会觉得人地生疏，十分不便。

同班同学处得很愉快，可以互相切磋；如果常常和高年级或低年级的同学吵闹打架，始终是一件令人遗憾的事。

与组织内同事融洽相处，有助于工作的进行。和组织外大众相处，也应该维持良好的关系，对于工作的扩展，才会有所助益。两者失其一，对工作都有不利的影响。

内外兼顾，也不是一件简单的事，必须有心如此，而且用心去做。不能把自己局限在内或外的界限里，只知有内不知有外，或者压制自己讨好外人，这些都是有害无利的。一个人希望成功，应该养成内外并重的习惯，并且时时提醒自己，切实不偏不倚。

任何偏失、缺陷，都不够美满。

上、下之间，更容易顾此失彼。常见有一些人，心目中只有上司的存在，丝毫不考虑部属的实际困难。同样也有一些人，处处维护属下，却不惜顶撞上级。

在家庭中，父母长上的话，当然很重要。弟弟妹妹的情分，也应该用心维持。如果为了博得父母的欢心，便不顾弟妹的处境，甚至于出卖弟妹，引起兄弟姐妹之间的怨恨，久而久之，父母的欢心消失，留下来的只是长久的痛心。例如大哥比较有钱，便大肆铺张，为父母做寿，却硬性规定弟妹分摊费用。弟妹无可奈何，只好照办，内心十分不服，就会伤害兄弟姐妹之间的感情。

欺侮低年级同学，在学校中颇为常见。结果低年级同学集体反抗，或者向更高年级学长投诉，引起校内的不安，对于自己的求学与交友，都有相当不利的阻碍。

“看上不看下”，意指只知上级的命令必须遵行，不知下属真正的痛苦和困难，虽然短时间内，可以压制部属，达成上级的要求，可长久下来，造成部属盲目的抗拒，以及上司对实际情况的不了解，势必使自己在“上压下顶”的处境中，痛苦不堪。

“看下不看上”，意指只顾部属的权益，不理会上司的苦心，虽然得到部属的拥戴，却由于失去上司的支持，逐渐无力维护部属，以致终于丧失部属的信心。

唯有公私兼顾、内外并重、承上启下，才能够成为美满的成功者。任何偏失、缺陷，都不够美满。

4.做一个喜悦的人

喜悦的人，会发自内心地微笑。

成功却觉得人生乏味，当然不喜悦。尽管借酒消愁、看电视解闷儿，也不能开怀。

真正的喜悦，会发自内心地微笑。日本松居桃楼先生写过这么一首诗：

在所有的种子里如果少了一颗“微笑”，
其他任何种子都是无用的。
不管“微笑”的种子是多么细小，
也要尽心去栽培，
让它能够发芽生根。
这是人生旅程中最重要的。

微笑发不出来，成功又有什么用？不喜悦的成功，根本不是真正的成功。做一个喜悦的人，首先要养成能忙碌也懂得休闲的习惯。

能忙不能闲，势必逐渐成为工作狂。对工作要热心，具有浓厚的兴趣，但实在不必到达“狂”的地步。现代人一天比一天更加忙碌，说是步调快速，其实大部分是忙东忙西，仍然一事无成的“无事忙”。

人应该保持适度的忙碌，留一些空闲的时间，一方面调剂身心，一方面反省自己，以求与时俱进。

年轻不可空白，却应该要留白。

常听人说“年轻不要留白”，这是不正确的观念。年轻不要空白，应该适当地留白。空白是不务正业，游荡过日子，一晃几年，把年轻的日子空过了，十分可惜。留白则是适度的休闲，因为休息得宜，才能走更远的路。

遇到难题，拼命反复思考，往往想不出什么良策。这时暂时停止，让脑筋休息一下，反而容易有所突破。

一天到晚工作，弄得身心疲累不堪，长期下来，难免产生错误。不如适当休闲，让身心恢复正常，比较有把握选择正确的事情去完成。

休闲并不是罪恶。从事正当的休闲活动，对于身心健康有益，也就对工作有帮助。

正当的休闲，不是一般人所说的消遣。当年梁启超先生最反对由于无聊得很而随便做一些消遣，认为这是亡国灭种的根源。他说：“这种流行病，一个人染着，这个人便算完了；全国人染着，这个国家便算完了。”

梁先生指出：“天下最可宝贵的物件，无过于时间。因为别的物件，总可以失而复得，唯有时间，过了一秒，即失去一秒；过了一分，即失去一分；过了一刻，即失去一刻。失去之后，是永不能恢复的。任凭你有多大权力，也不能堵着它不叫它过去；任凭你有多大金钱，也不能买它转来。所以古人讲的惜寸阴惜分阴，这并不是说来好听，他实在觉得天下最可惜之物，没有能够比上这件的，所以拼命的一丝一毫不肯轻轻放过。”

一个人懒懒散散，当然不可能成功。但是，正当的休闲，不等于懒懒散散，也不是无聊消遣，和爱惜光阴并不相违背，不能算是浪费时间。

成功的人，能忙也能闲。忙的正当，固然很喜悦；闲得正当，又何尝不喜悦。

5.做一个充实的人

虚有其名的人，并不充实。

有些人虚有其名，成功得一点儿也不实在。有些人则实至名归，获得名实相符的成功。

有名无实，便不算是充实的人。名副其实，这个人才会实在，成为一个充实的人。

怎样做到名实相符呢？有一份正当的事业，由敬业而乐业，并且不忘本，始终抱持“知之为知之，不知为不知”的态度，不断地求取进步。这样一来，比较容易达到释迦牟尼所说的“一个人要求高洁的名声，有如点着香火，所发出来的香味，让每一个人都可以闻到”的地步。梁启超先生说：“百行业为先，万恶懒为首。”他认为没有职业的懒人，简直是社会的蛀米虫，等于是掠夺别人勤劳结果的盗贼。

由敬业而乐业，自然充实。

把职业当作终身努力的工作，就成为事业。有了正当的事业，首先应该“敬业”。梁先生解释“敬”字为“做人最简易、最直接的法门”，他说：“凡做一件事，将全副精力集中到这事上头，一点儿不旁骛，便是敬。”

为什么要敬业呢？梁先生认为“凡可以称为一件事的，其性质都是可敬”，因为“事的名称，从俗人眼里看来有高下；事的性质，从学理上解剖起来并没有高下”，所以当大总统是一件事，开计程车也是一件事。不做则已，要做就必须认真去做，集中精神和力量，把它做好。

当木匠的，做成一张好桌子，和立法委员订定一种有利国计民生的法案，其价值是相等的。大家都在认真做事，便不用彼此羡慕，或者互相炫耀。

敬业之后，还要进一步“乐业”，才能够持久。梁先生认为“苦乐全在主观的心，不在旁观的事”，而会打算盘的人，必须从苦中找出乐来，他说：“天下第一等苦人，莫过于无业游民，终日闲游浪荡，不知把自己的身心摆在哪里才好，他们的日子真是难过。第二等苦人，便是厌恶自己本业的人，这件事分明不能不做，却满肚子的不愿意做。不愿意做，逃得了吗？到底不能。结果还是皱着眉头、哭丧着脸去做，这不是专门替自己开玩笑吗？”

乐业的四大要素。

其实，一份工作能被我们当作事业来做，当然具有相当的趣味，只要继续不断地努力做下去，必然会乐业。梁先生分析其中的原因，列出下面四点：

任何工作总有许多层累曲折，如果真正投入，有如身入其中，从它变化进展的状态，产生亲切有味的感觉。

每一种事业，要想获得成功，免不了奋斗。一步一步奋斗前去，从刻苦中将快乐的分量加添，十分有趣。

工作的性质，常要和同业的人互相比较，好像赛球一般，因竞赛获胜而得到快感。

当我们专心一意从事工作时，把许多游思妄想都杜绝掉，省却无限闲烦闷。从自己事业中领略出趣味，生活增添情趣，人生也增加价值。

梁启超先生是著名的“趣味主义者”，他觉得天下万物都有趣味，只嫌一天二十四小时，不能扩充到四十八小时，不够他享用。他一年到头，为的只是趣味，范围包括劳作、游戏、艺术和学问。

敬业乐业的人，日积月累，就会为大家所肯定，而稍有名气，这时仍应敬业乐业，并且切忌把虚名当成真正的自己，以免得意忘形。应该谦虚地明辨自己的知或不知，绝对不可以过分自我膨胀，否则就无法持续进步。终有一天，虚名被揭穿，成功便会顿时成为泡沫。

不断充实自己，乃是成功的必要条件。不进则退，一旦停顿下来，别人超越向前，自己的实名也会变成虚名。三十六岁成功，到了六十岁，又发现自己远远落在别人的后边，仍是一个不够充实的人。

6.做一个智慧的人

人的性格，可以分为七种。

日本心理学家宫成音弥依照性格把人分为下面七种：

1. 享乐人——缺乏自主性，追求快乐与冶游。

2. 冒阶人——脱离社会法则，开创自己的事业。

3. 逃避人——当事业失败时，孤立自己而产生反动的心理。

4. 追求人——不愿接受社会制约，顺着自己的理想，勇敢地向目标迈进。

5. 自由人——在不即不雏的关系上，过着绝对自由的生活。

6. 义务人——忠于社会规则，一切依规范而行事。

7. 不定人——不拘泥于世间事务，悠游自在过日子。

他认为每一个人，必定属于其中一种。我们不妨自己想一想，到底属于哪一种。

想了之后，接着问问自己："我为什么会这样？"

把人分类，是一种知识。自己愿意成为哪一类的人，就需要智慧来决定。

首先，我们从生态学的观点，明白"多样的生物，才足以保证生态环境稳定地延续"的道理，知道"各种生物各自发挥功能，在相生相克的动态下，达成宇宙整体的和谐成长"，认识"有了殊异，才有和谐"，因而体会古人"和而不同"的主张，就不必对某一类型的人，产生深恶痛绝的念头。我们可以要求自己，实在不必希望所有的人，都和自己走上同样的道路。

"和"的意思，是各种事物彼此依赖、互相克制。"不同"的用意，则在容许不同的性质，都能够有所表现。如果强制要把所有事物，一概纳入固定的模式，那么生机尽失，世界就要趋于灭亡了。

我们中国人，可以说是最倒霉，也最可爱的。自古以来，天灾人祸不断，十分可怜。但是，正由于天灾人祸接踵而来，才磨练出中国人无比的智慧。

中国人如果知道善用智慧，来运用现代科技知识，可爱的成分就大于可怜。若是一味死背一些知识，却缺乏灵活运用的智慧，那就可怜大于可爱。

成功就是运用智慧，决定自己要走的路。

古圣先贤留给我们的卓越智慧，现代自由民主的社会结构，正是我们充分发挥的大好时机。如何在自然与人文之间、自由与秩序之间、个人与群体之间、现世与未来之间，取得平衡的和谐，应该是现代中国人努力的重点。

其次，我决定走上哪一条路，成为哪一类型的人，纯属我自己的决定。在“和而不同”的大前提下，只要经过缜密的思考，审慎的决定，每一个人都有权选择自己的前程。所作所为，由我自己决定，也将自行负责。

自愿地选完路向之后，不必刻意特殊化，处处要标新立异；也不应该否定多样化，把与自己不同的人，都视为异类。

今日社会，对量化过分信赖，对人定胜天过分信仰，对人欲过分膨胀，都是缺乏智慧的专业知识人，刻意特殊化，否定多样化的不良结果。

有些人甚至自命为社会的“精英分子”，徒然让别人在背后嘲笑。不必责怪嘲笑的人，因为自命精英的人，多半有知识却严重地缺乏智慧。

善用智慧，思考自己的未来，树立自己的形象，却应该时时保持谦虚的态度。别人称我为精英，尚且要谦让“不敢当”，岂有自己处处捧着“精英”的字眼儿，招摇过市而不惹人笑话的？

有智慧而没有知识，容易陷入空想，一事无成。有智识而缺乏智慧，就不要埋怨被人当作工具使用，用毕即弃。

成功的人，必须善用自己的智慧来运用知识，以求合理地表现。

三十六岁成功的时候，如果发现自己是一个残缺不完整、不幸福、不美满、不喜悦、欠充实，或者没有智慧的人，其心情之恶劣，可想而知。

要成功，先弄清楚这些条件，包括崇德、广业、厚生各方面兼顾，家庭与事业并重，公私、内外、上下面面俱到，既能忙也能闲，实至名归以求名实相符，有智慧且善用知识，三十六岁成功时，完整、幸福、美满、喜悦、充实、智慧，那才是圆满的成功。

心理上有这种准备，就会及早注意到有关事项，从比较整全的角度来思考问题，也从多方面来充实自己，当然可能获得比较圆满的成功。

修炼内功第四步：组织力

四　设法把相关资源组织起来

导读

· 为什么合作才能够成功？

· 成功与他人的智慧和金钱，有什么关系？

· 人际关系有哪三个要点？

· 学识为什么需要组织？

· 立业为什么要结合众人？

· 家庭为什么要以和为贵？

· 什么叫作尽力主义？

· 群策群力为什么以己力为主？

· 怎样才能发挥组织力？

· 为什么要让对方觉得很重要？

单打独斗的时代已经过去，现代讲求群策群力。

现代社会，单打独斗式的成功机会，已经大幅降低。一切都讲求组织，透过群策群力的合作方式，才能够获得成功。

其实，无论求学、修德、立业，以及成家、回馈社会，处处都需要组织。聚合众人的力量，比个人奋斗要有效得多。

组织是一种工具，使人力、物力、设备做有效的集体运用。组织必须具有目标，否则就会失去组织的意义。

1969 年，我国金龙少年棒球队，代表太平洋区参加世界少年棒球赛，荣获冠军。这一支只有两年历史的幼稚球队，居然先后击败历史悠久的日本队及美国队，正是组织力高度发挥的结果。当年某报评论：“就培养民族的自尊自信而言，金龙队之奏凯，不但显示了中国人体能的优越和技艺的优越，也证明了中国人组织力的优越。棒球是团体性的比赛，个人的特殊表现须纳入整体的有机动作，相生相成，比起个人的单项比赛获胜，意义尤为重大。对千千万万外国人而言，‘东亚病夫’的讥评固然早已推翻，‘四个中国人只能凑一桌麻将’的寓言也被攻破。”接着又说：“在金龙队所引发的一连串反应中，应该包括对组织的重要性有透彻认识。这是一个以群体对群体的时代，在体育场之外，已经没有多少‘单项’可供独行其是的人去驰骋。优秀的个人必须认识组织的重要，纵身投入，组织也必须使个人能充分发挥他的优点。认真检讨起来，无论政府机构，人民会社，以至体育团体，本身在这方面该努力的地方是很多的。”

组织力量十分强大，不但机构、团体需要组织，而且个人也需要组织把自己所拥有的资源做合理的运用。

组织的意义，是集合一个群体的人共同合作，达成目标。换句话说，组织是群体为达成目标所必须使用的工具。而主要精神，则在把握重点。

运用组织力量来达成目标。

我们在订定目标之后，必须利用组织的力量，将人力、物力、财力与时间，做适当的安排与合理的配置，以求顺利而有效地达成目标。

有人说："成功是自己努力的结果。"这句话只说对了一半，另外一半应该是："成功同时要获得他人的支持和肯定。"两句话一起说，才是全部的事实。

就像"人必须为自己而活"只说对了一半一样，"人也必须为他人而活"。

既然别人的支持是成功的要素，那么组织力的运用，就成为成功的主要方法。

组织的运用，是多方面的，兹分为六个项目说明如下：

1. 有组织才有力量。

2. 学识要灵活运用。

3. 立业要结合众人。

4. 家庭要以和为贵。

5. 发展要群策群力。

6. 组织力确保成功。

1.有组织才有力量

成功等于正当地活用他人的智慧和金钱。

成功的人，会动脑筋活用他人的智慧和钱财。凡是有办法汇聚别人的脑力和资金的人，都可能成功。

记住一条规律：要达成自己的目标，别人永远扮演着十分重要的角色。

而每一个人，都会替自己着想。没有理由凭空把他的脑袋和口袋，交给我们来管制和运用。

成功的人，就是以正当的方式来获得大家的支持，使大家愿意提供智慧和财力，帮助他获得成功。

当然，也有人用不正当的手段，强迫他人提供金钱和力量。但是因此而成功的，简直是凤毛麟角，而且一定不会持久。用正当的方式，以正确的方法，才是正道。不但支持的人很乐意，并且会持续地长久支持下去。

要获得别人的支持，除了自己具备良好的品行，令人觉得可靠；善于设身处地，建立良好人际关系；拥有真实本事，能够做出一番事业之外，最要紧的，便是明白组织的重要性，能组织而又善于发挥组织力。

组织力的发挥，在组织成立的时候，就可以看出端倪。所以有组织才有力量，意思是说组织必须发挥力量，才能达成目标。否则空有组织的形式，缺乏真正的组织力，那是不可能成功的。

绝大多数成功者都拥有良好的人际关系，但是极少数人会凭借良好的人际关系而成功。

反过来说，人际关系可以帮助我们成功，我们却不应该依赖人际关系来获取成功，因为大家都看不起那些靠拍马屁、裙带关系或者血缘、地缘关系发迹的人。

自己有本事，大家就不会嘲笑我们因人际关系而成功。一旦被人家看出没有本事，那就不免议论纷纷，猜测我们的一切，究竟是哪一种关系所带来的。

成功的第一种本事，就是组织。把所有能够运用的资源，都动起来，发挥有效的力量。这种效果，我们把它叫作“总动员”。

善用人际关系。

组织要产生力量，必须有计划、有目标、有条理、有系统，采用科学化的配合。组织的要素，可归纳为“人与人的关系”和“人与物的关系”两大项目。前者注重人与人间的互动及配合，后者重视人和有关资源的结合。

人和人的关系，要注意下述三个要点：

1. 广布友谊的网络。多方结识朋友，经常提供可能的服务，多联系，多接触，开放而友善地对待他们。

2. 有效地影响他人。绝对不要存心说服任何人，因为人都不愿意被说服。有效地影响他人，则是设法让对方自动改变，而且改变得很有面子。能够用感应的方式，点醒别人，促动别人，自己又不居功，才会有效地影响他人。

3. 获得他人的信任。人很难信任别人，必须经过不断的考验，才敢相信。可见人应该经得起考验，以正道来获得他人的信任。用不讨好的方式来得到别人的好感，以时时警惕、处处谨慎的态度，赢得别人的信任。

在人与资源的配合方面，也要注意下述三点：

1. 爱物而不暴物。中国人的自然观，是万物顺其本性，在全体的宇宙循环中，欣然贡献各自的功能。我们爱物、惜物，是出乎内心的真情流露，不是西方式的因为稀有动植物行将灭绝，必须特加保护；由于古代器物失而不可复得，所以应该妥为保存。

2. 分享而不独占。对于资源的运用，采取分享的态度，比较容易获得他人的合作。若是一心想独占，他人就会兴起抢夺的念头，抢不过就排斥，有时连人都被整掉。

3. 科学而非艺术。利用资源，尽量科学化。应该量化的部分，要计算得十分精确，以求精确配合。不要把对人的艺术化，用在对物上面，造成含混不清的不良后果。

2.学识要灵活运用

学识需要组织，才能实际应用。

学识不但要求正确，而且需要组织。陈大齐先生说："要想知识发挥功用，增高价值，必须把许多孤立的具体知识集合起来，组织起来，造成较为概括的知识，更进而造成一则学说上的理论，才能随时可以应用，随时可以遵行。"

他举例说："某甲有一次告诉我：大街上有一个疯子。我走到街上，果然看见一个人在那里胡言乱说，动作奇突。我在这次经验里，获知某甲所说，确是事实。如果到此为止，只能证实某甲某次所说的真实，犹未能用以断定某甲必是一个诚实的人。"他认为这一具体知识，还没有多大用处。后来与某甲谈话，就算有时涉及他个人切身的利害关系，却每一次都证实绝无虚伪，也不夸张。这些具体的经验，若是任其各自孤立，依然不能证明某甲的人格究竟如何。如果集合起来，组织起来，便可以断定某甲确实是诚实的人。可见孤立的知识，必须组织成为比较概括的知识，才能发挥较大的功用。

一个人的学识，若是由背诵、记忆而得，充其量只是一些零星的孤立知识，很容易以偏概全。必须把许多事实集合观察，组织起来，使其具有普遍适用的价值，才能够灵活加以运用，而获得成功。

灵活运用智识有三个要点。

要灵活运用智识，最好做到下述三点：

1. 博学。孔子希望我们多见、多学，多见就是多认识、多经历、多体会，亦即扩大学识的范围，不要将自己局限在偏狭的领域内，坐井观天。多学则是多方面学习，相当于博学。

2. 归纳。博学所得，往往是一大堆凌乱的知识，如果任其各自孤立而不加以整理与组织，还是效用不大。搜集了许多资料，要归纳出一些简明的原则，才能提高博学的价值，发挥较大的功能。

3. 一贯。原则之间互相矛盾，或者散乱分歧，用起来有时会惶恐而缺乏信心，甚至产生错误。必须贯串起来，达到一以贯之的地步，才能够灵活运用而保障效果良好。归纳是从许多事例中找出原则，一贯则是用原则来统率事例。有了一贯的原则，演绎起来，自然顺利而畅通。

一个人的智慧，要透过所具备的知识，才能够发挥效果。例如一个智慧高超的人，若是根本没有学过有关机械的知识，那么这个人不能制造机械，也不能修理机械，他的智慧就无从发挥。

同样地，一个智慧高超的人，如果没有具备成功的知识，也很难走上成功的大道。

对于效果来说，智慧只能产生间接的影响。智慧加上学习，有了知识，才能够产生直接的效果。

成功的人，很少完全依凭智慧，却十分需要学习知识。孔子自称不是“生而知之”的智者，苏格拉底更自称自己“一无所知”，都是希望我们求取知识更重于凭借天才。这两位哲人虽然分别出现于东、西两方，互不沟通，却不约而同地要求大家务必勤于求知。

虽智慧不高却勤学，也能获致丰富的知识。智慧很高且勤学，知识则更为丰富。陈大齐先生认为智慧是知识的资本，有了巨大的资本，才有经营庞大事业的可能。有了高超的智慧，才有获致丰富知识的可能。

但是智慧的表现，一方面在求取知识，一方面则在组织知识。有了丰富的知识，不能加以组织，应用起来就不能得心应手。有了丰富的知识，如果紧密地组织起来，便能够灵活地加以运用，产生辉煌的效果。

3.立业要结合众人

结合众人的力量，比较容易立业。

前面已经说过，成功必须获得他人的支持。不能结合众人的力量，就无法获得成功。

美国著名的卡内基工业研究所，对一万名现职主管所做的调查显示，这一万名主管当中，只有百分之十五的人，是由于专业知识丰富，技术成熟或智慧高超而获得升迁。其余百分之八十五，则是因为能够和别人融洽相处，得到部属的支持，才获得升迁。

事实上，由于工作效率不高而被革职的人，不过占百分之十，其他百分之九十被解雇的人员，则是由于不能获得他人的支持。

立业要结合众人的主要原因，在单打独斗的时代已经成为过去，现在创业的资金，远较以往庞大；立业所需要的人力，也远较往日更为复杂。

结合众人的力量，首先要建立良好的人际关系。一般人认为人际关系是指自己与他人的关系，实际上人际关系从自己与自己的关系开始。

先问问自己："我自爱吗？"自爱当然不是自私，而是自己爱自己。唯有自己爱自己，爱到满了，溢出来的爱，才能够真正地爱别人。

自爱爱人的三大原则。

自爱爱人，乃是人际关系的最佳写照。自爱的表现，通常有下述三点：

1. 富贵不骄傲。富而骄，贵而傲。骄傲的人，易于纵欲放荡。富贵时不能克制自己，便会“饱暖思淫欲”，败坏社会风气。今日社会物质文明发达，欲望高涨的人，面对一切卑鄙污浊的行为，都可能失去控制，使自己坠入痛苦的深渊。自爱的人，第一个标准，即在富贵不骄傲。

2. 贫贱不投机。患难贫穷的时候，最容易失节。历史上像秦桧这一类的奸贼，便是经不起贫贱挑战的失败者。中国人自秦桧害死岳飞之后，从此为子女命名，绝对不用“桧”字。可见“饥寒起盗心”，和“贪图富贵而卖主求荣”，乃是中国人心目当中最可耻的事。

3. 威武不能屈。确立人生目标之后，必须以坚定的意志，不怕艰苦，不避危险，力求圆满达成目标。岳飞的壮怀激烈，文天祥的庶几无愧，以及林觉民的赴难绝笔，都是威武不能屈的勇者精神。唯有威武不屈，才能自救救人，自立立人。

富贵不骄傲的意思是经济繁荣、生活富裕的情况下，每一个人都应该适度地控制自己的欲望。同时尽量同情别人、关心别人，更进而顾虑到别人的欲望，走上立人立己的成功之路。

贫贱不投机的意义，在万一遭遇困难，必须安分守己。千万不可以笑贫不笑娼，也不应该一贫贱就失节，忘记了遵守礼义。富贵而有礼，固然很难；贫贱而守住节操，更加艰难。

威武不能屈的用意，则是民主时代，好人必须不受坏人的威胁。好人如果斗不过坏人，吃亏的还是好人。作为一个好人，应该有一套本领，而且坚定不移，威武不屈。不怕困难，不畏危险，努力去达成目标。

自爱的人，用充满自身的爱，来爱别人，也就是善尽诤友的责任。经由彼此互相劝善，找出若干志同道合的朋友，然后分工合作，便可共同创造一番事业。

共创事业有三大要则。

中国人常说“合”字难写，主要是共同创业容易，而合作事业却很难持久。其实，中国人仍然可以合伙，只要注意下述三个要点，还是能够持久的。

1. 一开始就要小心。任何细节，都要考虑大家的信心问题，不要引起任何人的疑惧。大家不起疑，自然能长期合作。

2. 有事情多多商量。不要独断独行，应该多让大家参与，并且先听听大家的意见，再发表自己的观点。凡事好商量，大家才有信心。

3. 逐渐走向制度化。建立制度，使大家共同遵行。只要制度不是抄来的，而且经常微调整，力求合理化，执行时在制度的范围内衡情论理，大家就乐于接受。

4.家庭要以和为贵

家和万事成，现代依然如此。

婚姻是人生中十分严肃的课题，家庭的结合，源于两个人全心全意地爱对方。婚姻要成功，双方必须付出无限的爱和真诚的合作。家庭要美满，应该以和为贵。

第一个考虑的因素，是采取什么观点来找寻结婚的对象。

如果单纯地想找一个爱自己的人，结局很难美满。若是一厢情愿地找寻自己所爱的人，结局大多相当悲惨。

寻找结婚对象的考虑方式。

中国人的脑筋，一向比较复杂。想起问题来，也应该稍微复杂一些。我们的建议是：

第一，替自己找到一位好伴侣。刚结婚的时候，彼此沉浸在爱的陶醉中。久而久之，才发现自己所需要的，乃是一位可以终身厮守的伴侣。许多人因此而产生婚变，不如一开始便注意到这个问题，以期未雨绸缪。

第二，替自己的双亲找到一位好媳妇或好女婿。现代人对这种观点，愈来愈不重视。其实，父母是终生唯一的，双亲的感受，怎么可以不在意呢？三代同堂的好处，如今逐渐受到大家的肯定，那么，父母亲是否能够与自己的另一半和谐相处，当然值得关注。

第三，替自己的兄弟姊妹找到一位好嫂嫂、好弟妇、好姊夫或者好妹婿。

有些人结婚之后，发觉兄弟姊妹的心都变了，彼此原来亲密的关系，也愈来愈生疏，因而痛苦不堪。后来发现原因出在自己另一半身上，更是难于处置。如果在婚前仔细思考这些问题，应该可以有效地加以避免。

第四，替自己未来的子女找到一位好父亲或者好母亲。婚姻关系的发展，自然会进入亲子关系。有些人没有考虑如此长远，到了生育子女时，才发现另一半在双亲的角色扮演上，有相当多的问题，可悔之已晚。

当然，也有人会思虑得更为周到一些，把婚后的同事关系也列入考虑。想想自己与同事的关系，会不会因为自己和这样的人结婚，而产生不良的影响。

结婚前要睁大眼睛，看清楚也想清楚。结婚后最好睁一只眼闭一只眼，设法和睦相处。

为什么婚前、婚后要有双重标准呢？原因十分简单。婚前睁大眼睛、慎重选择，才是负责任的做法。婚后呢？要想清楚今日的婚姻，乃是自己慎选所得的结果，一切后果应该由自己来承担，不可以轻言离异，才是负责的态度。

下一代没有理由承担离婚所造成的痛苦。

离婚有什么不好？主要的考虑，最好放在子女身上。子女是无辜的，却终生受到上一代离婚后衍生的种种不良影响，我们于心何忍？

婚姻的问题，通常由对金钱、子女以及其他琐事的看法不同，而引起争执。于是为了避免彼此伤害，双方都不愿意轻易把自己的看法说出来，逐渐流于嗯嗯啊啊，敷衍两句式的浮面沟通。这样一来，维系婚姻的力量逐渐减弱，双方的关系也因而动摇。

家庭的协调，有赖于夫妻双方面对面地正视问题，以坦诚、相爱的方式，和谐地寻找问题的症结，并且和平地解决。婚姻需要滋养，彼此和合，是最有效的保障。

维持家庭和合的主要条件，在爱情专一，多贡献，少要求，同时多原谅，少责备。专一就是专注一处，不分向多处。爱情专一，爱力才会坚厚，不致发生外遇的困扰。贡献与要求是相对的，彼此都“看你怎么样对待我”，就会愈来愈疏远，双方能从自己做起，多激励自己，少要求对方；遇到不如意事，多原谅而少责备，家庭自然和谐而令人满足。

5.发展要群策群力

目标组织起来，才能尽人力。

我们已经有了成功的目标，并且希望学识、品德、成家、立业四方面兼顾。虽然看起来似乎遥不可及，却必须认清：唯有如此才能在三十六岁时，获得成功。

前面也讨论过，目标应该分段予以割裂，以便分段完成。这些分段割裂的目标，必须好好组织起来，才能够成为比较完整的体系，进而有助于整个目标的实现。

目标若是不加以组织，往往会出现“尽力主义”，尽量朝向目标去努力，却不一定有把握达成目标。有人甚至理直气壮地称之为“尽人事以听天命”，好像十分符合中国人的传统主张。

实际上尽力主义不能代表尽人事，其中的差异，即在有没有目标组织化。尽人事的意思，包含尽己之力和尽人之力。借他人以增强己力，用己力来感化他力，做到群策群力，才是真正的尽人事。

当然，己力为主，他人的力只能作为辅助。有一位好奇的年轻人，看见观世音菩萨手中拿着一串念珠，想必也在念经，于是请问法师：“观世音菩萨在念什么经？”

法师回答：“南无大慈大悲观世音菩萨。”

年轻人大惑不解：“自己念自己？”

法师说：“当然，求人不如求己啊！”

可见群策群力，仍然以己力为主。年幼时要多听多看少想少说，尽量吸收长上大人的知识和经验，年纪长大一些，要多听多看多问加上多想少说，才能够持续有长进。三十岁以后，人家容易把自己当作成人看待，更需要养成虚心请教的态度，以诚恳的心，多向他人请益，获得真正的解答，作为自己的参考。

中国人习惯，除非他人十分诚恳地向自己请教，否则不愿意说出自己的观点。因为中国人有一种不好的态度，就是随时随地喜欢教训别人，引起众人的厌恶。一个人若是轻易说出自己的看法，别人就会认为他在夸耀自己的见识，或者抓住机会教训别人。因此修养良好的人，必须弄清楚对方确有请教的诚意，才会把自己的意见说出来。

在中国社会，希望得到他人的帮助，最好想办法让对方先说出他的意愿，而不是自己滔滔不绝，开口就说出一大堆道理。

某甲和人家在一起，只要有人开口说话，他马上中途截入：不是，这件事我最清楚，是如何如何。或是：不是这样的，事实是如何如何。请问，这样的态度，能够聚合众人力量，做到群策群力吗？

中国人最好不要随便做秀。

西方人的教育，是“Show and Tell”，不但要“做秀”，而且要到处告诉别人，自己怎样表现，做了哪些秀。中国人切记锋芒毕露终将造成自己对自己最大的伤害，因而不可随意炫耀自己。

请试试看，对着朋友谈论自己的得意事，看看他们的表情如何。多半是心里酸酸的，颇不以为然。

发展事业，有赖众人的群策群力，这时候“有容乃大”成为十分重要的修养。能容少数的人，只能发展小事业；能容更多的人，才能够发展较大的事业。

怎样才能包容更多的人呢？答案是富有人情味，让别人觉得你是一个善于关心别人的人。一般人总以为大家所关心的是你的财富、能力、所得与社会地位，其实人们所渴望了解的，乃是你是不是富于人情味，能不能从你这里得到他们所期待的关心。

关心他人，最具体的表现，莫过于让他在你的面前，显得很有面子。任何人在我们面前得到面子，自然会反过来给我们面子。这样，彼此有面子，才能够群策群力。

给人面子的人，真正明白施比受更有福的道理，用给他面子来包容他，充分运用“高帽子政策”，效果必然宏大。

6.组织力确保成功

发挥组织力有三个要件。

既然组织力如此重要，那么，怎样才能发挥组织力呢？对中国人而言，第一要件，在于保守秘密。

基本上，中国人不懂得保密，缺乏守密的素养。常见某甲对某乙说：“这件事只有我们两个人知道，绝对不可以告诉别人。”某乙满口答应：“对，对，不能让别人知道。”

某甲离开以后，某乙觉得很难过，深怕守不住这个秘密，于是告诉某丙，然后严重地警告他：“这件事只有我们两个人知道，绝对不可以告诉别人。”某丙也满口答应，然后又告诉某丁。

在这种大家都不守秘密的大环境下，守密的人有福了。因为我们都在用心寻找真正能够保守秘密的人，然后放心地信赖他。

守密带来更多的朋友，也带来更多的资讯，使我们掌握人和信息，易于开展未来。

主管对部属的事情保密，部属对他更忠诚。部属对主管的事情保密，主管对他更信任。朋友的事情，保守秘密，友情就会加深。

第二要件，是公正却未必公平，亦即做到合理的不公平。

众人的事情，情况殊不一致，怎么可能公平呢？勉强追求公平，造成众人的怨愤，也让自己觉得十分委屈。

大家的事情，怎么可以不公平呢？不公平大家都不愉快，怎么能够真诚合作？

具有组织力的人，会尽量做到合理的不公平，然后向大家道歉，自己做的实在不是很公平，大家就会谅解，并且异口同声地称赞："已经相当公平了，不必再计较了！"

自己声称公平，大家就会背后议论纷纷，因为机会相当有限，根本不可能公平。自己谦称"很难公平"，大家比较容易给予谅解。

第三要件，则是让大家同台演出。提供机会，让大家一起来参与，组织力才会增强。

中国人普遍喜欢参与，却一直不敢自动参与，因为怕不受欢迎，或不被重视而觉得没有面子。

提供机会，邀请大家一起来参与，抱着同台演出的心情，让每一个人都得到相当的重视，大家不但乐于参与，而且充分地发挥潜力，组织力必然强大。

让对方觉得很重要，是组织力发挥的基点。

怎样邀请参与呢？原则是让他觉得很重要。

认为自己很重要，几乎是众人共同的需求。可惜一般人只知道盲目满足自己这种需要，却严重地遗忘了他人也有这种急切的需求。

当然，世界上最重要的人，莫过于自己。但是，唯有肯定他人也是同样重要的人，才能够满足自己最重要的需求。所以，把大家看成和自己同等重要，并且进一步率先肯定别人的重要性，往往是组织力不可缺少的要件。

发挥组织力，应该有先后的次序。君子先齐家而后平天下，任何人都必须先孝敬父母、爱护家人，然后才会有事业的通达。

组织学识和经验，把家人动员起来，从家和万事成做起，结合志同道合的朋友，发展共同的事业。这样的成功，不但循序渐进，而且基础稳固而持久畅通。

在学校期间，透过社团活动，学习活用知识的技巧，以及磨练人际关系的要领。在家庭中，学习与家人相处之道，获得家人的信赖。然后在社会上，自然能够把大家组织起来，发挥组织力，把握成功的重点。

修炼内功第五步：分析力

五　掌握知己知彼的成功秘诀

导读

· 什么是成功的秘诀？
· 分析力和成功有什么关系？
· 成功的人，具有哪些条件？
· 为什么要知己知彼？
· 怎样找出自己的成功利基？
· 什么叫作知境？
· 知机和掌握良时有什么关联？
· 应不应该跳槽？
· 为什么成功也可能是失败之母？
· 为什么需要及时充电？

知人、知己、知境、知机，是成功的秘诀。

玉不琢不成器，任何人都需要不断琢磨，才能够获得成功。然而，怎样琢磨呢？这就需要分析，不但要知己、知人，而且要知境、知机，以充分掌握有利的情势，达到成功的境地。

我们已经说过，头脑清楚的人，对自己的观念、性格、习惯、兴趣、能力和理想，有正确的认识。这里还要进一步分析自己的观念、性格、习惯、兴趣、能力和理想，是不是符合成功的要件。

于是，我们不妨把成功的人，当作自己的一面镜子。让我们从他们成功的要件当中，找出自己的优点和缺点，并且做一番调整和改善。

分析力是能否成功的关键。

我们常常自问：“我为什么搞成这个样子？”可惜大多数的人问是问了，却不热爱于追求答案。因为缺乏分析力，不容易了解自己为什么会这样。

就算明白自己何以如此的原因，也不知道这样究竟是好是坏，有没有办法可以改变。

换句话说，成功到底有哪些要项；自己的条件符合与否；不符合的部分，能不能改变，乃是我们必须关心的课题。要得到比较满意的答案，就需要正确的分析力。

知人、知己之外，知境和知机也很重要。知境是对所处环境的分析，而知机则是对当前时机的掌握。

人固然有改造环境的可能，但是环境对人的影响，也十分重大。

研究报告指出：美国有许多伟大的人物，如林肯、洛克菲勒、爱迪生和加菲尔等，出生在贫苦的乡下人家。他们在纯朴的环境中，奠定了智慧、品德和体力的良好基础，加上不断的努力，终于获得成功。

但是，生长在乡间的孩子，如果终其一生，都在乡村度过，成功的机会，真是微乎其微。若是不满于自己所处环境的贫困，觉得农村缺乏发展的机会，怀着一颗雄心，进入都市，参与激烈的竞争，往往能够出人头地，凭着不折不挠的精神，踏上成功的大道。

那么，什么时候搬迁最为适当呢？这又牵涉到时机的选择。有很多乡下青年进入都市之后，由于没有应付困难的能力，缺乏正确判断的经验，有的开始堕落，有的受人欺骗，有的挺而走险，也有的穷困潦倒。一方面是自己的条件不足，一方面则是时机选择不合适。

知人、知己、知境、知机，都需要锐利的分析力，我们分成下面六点，来加以说明。

1. 知己知彼则百战百胜。

2. 知人不易知己更加难。

3. 知人知己还需要知境。

4. 知机才能够掌握良时。

5. 知机有赖良好分析力。

6. 最要紧在阶段性调整。

1.知己知彼则百战百胜

成功的人，必然具有若干条件。

成功的条件，其实并不确定。有些人因此而成功，有些人却因彼而成功。但是看看别人成功的条件，的确有助于自己的分析。

依据小盖洛普的调查，成功的人：

在家庭因素方面，影响较大的，依次为幸福的家庭生活、父母的大力支持、其他家人的协助、幼年时代的生活环境、强烈宗教信仰的家教、得到的教诲以及种族文化的传承。

在学校因素方面，影响较大的，依序为好胜心、良好的学习习惯、学习禀赋、用功、好成绩、进好学校、老师多鼓励的影响以及想学好技术。

至于个人特征方面，依序为丰富的常识、充足的专业知识、独立坚忍的自恃、明确的判断和反应、精明的处事能力、善于领导、善于下决心、创造与发明、充分的自信心、善于沟通、关怀别人以及幸运。

家庭对于个人的影响很大，调查显示："成功的种子不一定要播种在富饶的土地上，才能够发芽吐枝。而成功的人，多半生长在充满爱、了解和有教养的家庭。"

不过，即使儿时的幸福，对日后的成功有很大的帮助，但是学校的教育也不能忽视。家庭不幸，有时候可以从学校教育中获得支持，奠定以后成功的基础。

学校教育和家庭背景，塑造了人的若干特征。成功的个人特征，以丰富的常识为第一要项，可见学校的通才教育，居于十分重要的地位。

丰富的常识，使人增加化简驭繁，直探核心的能力。专业的知识，使人实际了解所从事的职业技巧，以减少失误并发挥自己的能力。

明确的判断和反应，亦即个人有明确的奋斗目标。美国名人录上的人士，有三分之二认为自己的发展已有定位，亦即有清楚的目标。

成功需要先天的禀赋加上后天的努力。

明确的判断和反应无法用一般智商测验来测量，它是天生的禀赋，包括一颗好奇的心以及广泛的兴趣。当然，后天的训练也可以帮助我们迅速理解困难的概念，并且做出清晰而适当的决定。

精明的处事能力包括组织能力、工作习惯和努力奋发。但是，中国人主张“聪明而不精明”，亦即聪明不要外露。我们以平凡、平淡、平实的方式，加上良好的计划、组织与协调，来处理事情，比较容易获得成功。

善于领导是成功的特质之一。不过，大多数成功的人，不但善于领导，而且会以鼓励的方式，激励部属完成既定的目标。

正确做决策，善于下决心的人，大多具有强烈的道德观念。中国人主张多问应该不应该，依伦理下决心，比较容易判断是非，做明确的决定。

创造力与发明主要来自直觉，然后再想尽办法去证明。创造力很重要，如何善用它为人类造福，更加要紧。

充分的自信心，表现在细心预防可能面临的任何状况与敌人，亦即有信心应付最棘手的问题。自信心其实来自充分的准备，有一种立于不败之地的感觉，因而具有强烈的安全感。

善于沟通表达，易于获得他人的信任，对事业成功有很大的帮助。

关怀别人，培养仁厚的关怀心，这样获得的成功，才能保持长久的快乐。

命运永远是影响成功的重要因素，不管我们承认与否。人生是一连串的抉择，幸运的人，选择了较大、较有可能的机会，因而获得成功。

这些成功的特征，表现在已经获得成功的人身上。这些人让我们当作一面镜子，来分析自己的特质，以便合适地调整。

2.知人不易知己更加难

找出自己的成功利基。

我们很难改变自己的家庭背景和学校教育，却可以用心地分析自己的特征，看看有哪些优点，是促使自己成功的利基（Nich）。

分析的时候，有些人坚持“自己最了解自己”的原则。只肯自己用心推敲，对于别人的看法，拒不接受。这种态度，未免太过主观。评核的结果，往往缺乏客观性。

但是，一味依赖别人的分析，恐怕也是客气多于批评，得不到真正的结果。

最好的方法，是拿一张纸，在中央画一条直线，然后仔细想想，把自己的优点写在中央直线的左边，而缺点则写在右边。为了方便评核，尽可能条列式分项记载，并且在每一项目之间，留有空隙，以便增加或删改。

记好以后，拿来请家人或可靠的友人，询问他们对自己的看法。如果不便启口，用写的也可以。把别人的看法和自己的观点相比较，慢慢就会正确地分析出自己的优缺点。日本高桥诚先生，主张自我分析，要注意潜在力、感受力、资讯力、创造力、构想力、应对力、表现力以及生命力的分析。

他的分析方法，是列举一些问题，让我们深呼吸、稳定心情后，按照顺序作答，而且不要考虑太久。认为是的，在题目上面的括弧内画“O”，认为自己不是这样的，就画“X”。然后统计“O”的数目，加以分析判断。

举例来说，关于分析自己的潜在力，他列举了二十个题目，条列如下：

（ ）到了非下结论不可的时候，比较不会犹豫不决，能够立刻做出决定。

( ) 即使失败或犯错时，也不会特别在意。

( ) 做事的态度，是彻夜不眠也没有关系。

( ) 能够在短时间内，处理很多事情。

( ) 就算社会不景气，也有自信自己能够做得很好。

( ) 经常被推选为小组的领导者。

( ) 站在很多人面前发言，并不会脸红。

( ) 喜欢和人谈话。

( ) 时常替他人解决困难。

( ) 众人聚集游乐时，乐于参与盛会。

( ) 善于控制自己的情绪。

( ) 即使发生令人担心的事，仍能安稳地入睡。

( ) 对自己的工作或家庭，感到与有荣焉。

( ) 自己的事情自己能够解决，不必依赖他人。

( ) 对自己所选择的生活方式有信心。

( ) 能和比自己年长或年幼的人，相处得很好。

( ) 遇到上司或年长的人，仍能不怯懦地说出自己的意见。

( ) 认为周遭的人，都可以信赖。

( ) 因为有人反对，反而更为起劲儿。

( ) 比起一直思考，更喜欢活动一下筋骨。

划好“O”或“X”之后，分别统计一下，二十个题目中，一至五题的答案有几个是“O”；六至十题的答案，“O”有几个；同样把十一至十五题、十六至二十题的“O”数，分别计算出来。

第一至五题加上第十一至十五题答案的“O”数，代表意欲尺度，亦即内在性向的得分。

第六至十题加上第十六到二十题答案的“O”数，代表对人尺度，亦即外在性向的分数。这样，我们得到两组“O”的和，因而有了两个数字，分别从零到十，都可能产生。

于是，内在性向为零至五，外在性向也为零至五的，属弱气型。内在性向为六至十，外在性向为零至五的，属气弱型。内在性向为零至五，外在性向为六至十的，属气强型。而内在性向为六至十，外在性向也为六至十的，则属强气型。

这四种类型，各有不同的特质，分析如下：

1. 强气型——外强内强。不论对人的表现，或者自己的内心，都非常盛气凌人。

2. 弱气型——外弱内弱。温和、害羞。不论在行动上或心理意欲，都呈现弱势。

3. 气弱型——外弱内强。外表看起来很柔弱，内心却非常坚强。

4. 气强型——外强内弱。外表看起来盛气凌人，其实内心意志并不坚定。

我们不一定要做这么多的分析，但是，从健康、学识、信用和常识这四大项目来分析自己，至少是必须要做的。

3.知人知己还需要知境

寻找合适的工作环境。

成功的人，受环境的影响很大。我们不一定要求顺境，因为面临困境，通常有助于培养处事待人的能力。

幸福的家庭，固然可以塑造成功的人。破碎的家庭背景，如果自己不断努力，同样可以获得成功。

我们已经说过，很难改变自己的家庭和学校。我们这里所说的“知境”，重点放在寻找合适的工作环境。

有人学识丰富，能力也很好，却由于入错行而无法发挥自己的优势。“行行出状元”，是指入对行以后，全心投入，竭尽所能的结果。若是入错行，选错了工作环境，恐怕很不容易聚精会神去做，因而很难做得好。

家长不要以自己既有的经验，强迫子女从事不称心的工作，老师要以探索的心情，帮助学生寻觅合乎自己的行业。而我们自己，更应该以个性和兴趣，来寻求适合的职业。

知境就是了解在当前的大环境下，什么职业才适合自己的学识、才能、体格和个性，务使自己能够胜任愉快，不致抱怨或沮丧。

有些人为了面子，投入“有面子的行业”，却不管与自己的性格是否相合，结果断送了成功的希望。

有些人好高自大，一下子就要找到“高人一等的职业”，因而屡遭拒绝，顿觉人间冷酷无情。

也有些人只问哪一行业赚钱容易，就往哪一行业跑，丝毫不考虑自己的个性和兴趣，弄得脸上失去笑容，始终提不起精神，根本不可能成功。

发现自己最有兴趣的工作。

学生时代，必须用心探索自己的性格和兴趣，找出自己最有兴趣的工作究竟是什么。

事实上很多学生都弄不清楚自己的兴趣在哪里。反正小学读了升中学，中学毕业考大学。而联招制度，分发到哪里算哪里，有些人读到大学四年级，还不喜欢自己所就读的系，下决心毕业后的第一件事，就是把书本通通丢掉，因为十几年的苦读，已经使他对书本深恶痛绝。

有人存心继承父业，认为基础稳固，不需要多费心，便能够守成。却不料自己根本缺乏这方面的兴趣，始终不能专心投入，等到发现守成不易的时候，才悔之已晚。

有些人则存心不走父兄的老路，一定要另辟途径，以免被他人讥为“搭顺风船”，承父兄的庇荫，弄得高不成、低不就，等到回头来，已经是时不我与了。

可是仅凭情绪的反应，很难知境。要找到适合自己的工作环境，最可靠的办法，是听听父母、师长、朋友的意见，再自己仔细考虑，慎重决定。

父母对自己的子女，有充分的了解，如果理性地依据子女的性向和兴趣，给予正确的指导，而不是硬性的指定，对子女很有帮助。

师长对我们的辅助，以及朋友的意见，都是值得参考的依据。

一个人踏入社会，必须处处谨慎，仔细观察周遭的环境，发现障碍与困难，寻找合乎自己的工作。至于是不是真的找到，可以从自己的感觉来判断：当自己精神饱满，对所从事的工作充满信心，不再怀疑是否走错了路，就可以确定已经真正找到自己的兴趣所在。

4.知机才能够掌握良时

善用自己的尝试错误期。

人类解决问题的方法有许多种，譬如观察法、实验法、分析法、综合法、归纳法、演绎法以及体会法等等。但是，最原始、最简易的方法，则莫过于尝试错误法。

只要安全没有问题，就可以大胆地尝试，放心地运用试误法。许多事情，若非亲身验证，实在很难体会。自己的性向和趣味，就算做过若干测验，经历某些现场实习，并且仔细考量和推理，毕竟都仅供参考，很难就此获得结论。

我们的建议是：踏进社会的最初五年，应该提醒自己，那是最好的尝试错误期。

一个人进入社会，获得第一份职业，便能够产生很大的兴趣，决心全力投入，而且从来不曾犹豫，丝毫没有跳槽或转业的念头。这种情况，证明自己找对了行业，也掌握了良机，当然不可以三心两意，应该一心一意地以厂作家，打算长期投入，并且切实去履行。

若是第一份职业，不能使自己满意，无论对工作本身或周遭环境，都有所不满。或者工作尚可胜任愉快，而环境则诸多不便。或是环境尚称满意，而工作则难以胜任。这时就不能够因循苟且，过一天算一天。因为拖延下去，可能养成心不在焉的坏习惯，每天上下班，却无心工作，不但害了团体，更害了自己。

这时，就需要赶快用心追究，自己到底什么地方出了差错。如果是能力不足，马上设法补救。若是环境欠佳，也要想办法改善。确实不能改变，也不妨看看有没有跳槽或转业的机会。

任何人时常跳槽或转业，经验就累积不起来，组织对我们的信任度也会降低，没有人肯完全相信一个经常跳槽的人。然而，做不好工作，有很多不方便，如果再坚持不跳槽，实在也没有什么好处。

合理的态度，应该是最初五年尽量跳槽或转业，然后定下心来，不再跳槽或转业，以累积经验，成为值得大家信赖的人。

为什么定为五年呢？因为刚刚进入社会，大概还没有成家，不受“先生或太太会不会受影响”“子女读书有没有问题”的干扰。变动起来，比较单纯而方便。同时服务年资很浅，就算牺牲一两年的资历，也不心疼。再说，对一辈子而言，这是大好的机会，再不好好把握，等到有小家庭，另一半的意见，加上子女的升学环境，势必增加很多难题。何况年资一长，舍不得割弃，就会得过且过，混掉大半辈子，把成功的机会都混掉了。

千万不要随意跳槽。

要紧的是，最初五年的跳槽或转业，必须具有寻觅值得自己全心投入的处所的意识，有理想、有目的地跳槽或转业，不可由于多一千元薪水或反正差不多，甚至转业可以增广见识，以及愈跳槽愈有人要而随意兴起跳、转的念头。

五年是最长的期限，一个人找了五个年头，居然还找不到自己安身立命的处所，不是自己的能力有问题，便是大环境不合适。如果是前者，赶快充实自己、改变自己，以求改造自己，来适应环境的变迁。若是后者，不妨找一个可以退隐的地方，避开乱世，也是合理的因应。

无论如何，机会要靠自己去分析、研判和掌握，五年的时间，说长不长，说短也不算短，一生的成败，尽在于此，好好地把握，才能够开启成功的大门。

5.知机有赖良好分析力

知机是洞悉事情的因果关系。

把握良机是大家共同的愿望，能否如愿，却有赖各人知机的能力。“机”的意思，指动之微，亦即微渺难见的动机或者吉凶的先兆。

任何事情到了相当明显的地步，大家都看得很清楚，这时才要下手，恐怕已经迟了，来不及了。假若在事情尚未显著，征兆刚刚出现的时候，就加以掌握，应该是最有利的时机。

吉凶原是无常，祸福就好像住在隔壁，如果预先警报系统装置良好，我们借着预警讯号，就能够趋吉避凶，化祸为福。可见，微细的征兆，对我们十分重要。

所有的事情，都有其连续性。我们早期注意到它的动向，就可以及时端正它的方向，使其导入正道，避免日后的分歧。知机便是在连续的程序上，找到因果关系，在“果”尚未明显出现之前，预先觉察可能的“因”，及时加以掌握和利导，以确保获得预期的果。

任何事情，总有其发生和成立的原因，都有其存在的道理。我们每做一件事，每使用一件物，若是探本穷源，把它的成因找出来，有清楚的认识，便能够在刚刚开始的时候，奠定不败的良好根基。

人的成功失败，如果从原因看，追源溯本，往往由于一念之差，而导致失败的苦果。同样一念之正，也就塑造了成功的甜美果实。

同样跳槽，其真正原因，只有当事人自己明白。为什么转业，其动机，也唯有当事人自己清楚。跳槽或转业的时机适当与否，亟需当事人自己依据主、客观的条件，做一番省察与分析，然后才能正确地判断、决定。这些必须考虑的因素，往往是人所不知而自己独知的。自己能够在一念发动时，如有不善，马上把这不善的念头克制、打倒，不使潜伏在胸中，这种功夫就是研机、慎独。而研机、慎独，都有赖于正确而锐利的分析力。

动机纯正，分析才会正确。

大学毕业生学有专长，按理说应该前途一片美好。但是，一般大学毕业生只知道东一个计划，西一个计划，任凭机会从眼前消逝，或者计划的动机并不纯正，不是贪图近利，就是追求虚名，不能研机、慎独，结果无法把握大好机会，遭到失败的打击。

没有一个人是命里注定失败的，每一个人，或多或少都有一些机会，问题是机会来临的时候，既不能见机，又缺乏研机的功夫，结果失之交臂，徒增怨责和叹息。

反过来说，若是培养研机的功夫，养成慎独的习惯，一切计划，所有行动，都力求切合正道。既不自怨自艾，也不到处诉苦，却能够任劳任怨，静待好机会到来，立即牢牢把握，像这样的人，当然有成功的一天。

有些人抱怨自己生不逢时，似乎所有好的位置，有出息的行业，都已经宣告客满。随便走到哪里，都找不到立足之地。于是埋怨没有机会，抱怨“余生也晚”，一辈子不可能成功。

分析、分析、再分析，研究、研究、再研究。只要心存公诚、努力不懈，成功之门终会为我们而打开！

6.最要紧在阶段性调整

成功也可能成为失败之母。

为什么有些人成功之后，会一直成功下去，似乎愈来愈成功。而有些人成功之后，仅仅维持一段短暂的日子，便快速下坠，到达失败的深渊？

不错，宇宙万物，大多呈现螺旋状，以一点为主心，渐渐扩大成为一个大圆圈。中心点可以称为原点，生命的旋涡，就是环绕着原点，不断地回转，形成周期性的起伏。凡事很少循着直线发展，往往会回到原点，再次出发。

失败为成功之母，成功也为失败之母。走向成功，到达极高点之后，依物极必反的道理，折返原点，亦即走向失败，好像是十分自然的过程。

看他盖高楼，又看他楼塌了。看他很成功，又看他垮下来。如果这是不能改变的命运，还谈什么人定胜天呢？

风水轮流转，有时张三成功，有时李四发达。我们就坐在那里等待时来运转，何必预测、计划？又哪里有必要执行、评估、补救呢？

其实并非如此，因为阶段性调整就能够确保长久成功。

成功不难，要维持长久的成功，却十分不容易，关键就在是否做好阶段性的调整。

1. 儿童时期：多听多问多学习，自然能够博得大人的赞美。有些儿童在小学时期，多读、多听、多问，而且学业成绩表现优异，被父母、师长肯定为天才小学生。长大之后，如果始终停留在多读、多听、多问、多表现的层次，缺乏解决实际问题的能力，人家就会讥讽“小时了了，大未必佳”，指责这个人已经江郎才尽，没有什么指望了。

2. 中学时代：开始参与课外活动，逐渐培养一些解决问题的能力，并且了解一些人际关系的奥妙。那么，小时了了，到了中学时代，仍然可以被期许为将来有出息的年轻小伙子。

3. 考入大学之后：开始留心自己的仪表，用内心的改变来调整自己的面貌，依相随心转的法则来塑造新的面相，借以改变自己的命运。

有些人不注意这一方面的塑造，以致毕业后找工作面试时，遭受很大的挫折。就算到法院按铃申告面试者有相貌歧视的不正当态度，恐怕也于事无补。

4. 进入社会：由于各方面都有相当优异的表现，因而获致初步的成功。具体的成果，就是得到上级的赏识，给予晋升的机会。

升上去之后，才发现原来自己的能力相当有限，很快就抵达不但不可能再向上爬升，眼前的工作也做不好的“无能级”。于是自己承受重大的压力，变得灰心而沮丧；上级看在眼里，自是十分后悔，准备寻找适当时机，另觅高明取代。

原来一级一级往上爬，一方面要靠机会，一方面更需要有实力。如何及时充电，具备更强的实力，才往上爬升，乃是维持长久成功的必要条件。可见阶段性的调整，无论在学识、能力、态度以及品德修养上面，都十分重要。

不断地定位自己，持续地充实自己，阶段性地改变自己，乃是保持成功的不二法门。阶段性调整就是推动自己不断进步的计划。

阶段的划分，有大有小。自我的调整，最好采取小阶段的方式。任何时候，都当作“现行阶段”，这时放眼未来，就是“下一阶段”。换句话说，时时立足眼前，马上展望未来。常常自问：“下一步我应该怎样充实自己？”

自己和自己比，现在和过去比，未来又要和现在比。这样推动自己，使自己“日日新，又日新”，便可持续成功，永不坠入失败的深渊，这才是真正的人定胜天，克服“螺旋回转”的先天命运。

至于怎样调整，如何发挥调节力，后面第七章将有更深一层的说明。

修炼内功第六步：感应力

六　用自力互动来创造成功的机缘

导读

· 为什么有些人把成功归于幸运？
· 成功为什么是不断转危为安？
· 幸运和努力有什么关系？
· 为什么人人是贵人？
· 为什么处处是吉地？
· 为什么时时是良时？
· 时和势有什么不同？
· 自力为什么可以胜他力？
· 有必要算命吗？
· 怎样互动才能产生良好感应？

把成功归于幸运，只能当作谦虚的表现。

中国人成功的时候，常常自谦“运气好”。我们习惯把成功归于幸运，并不是迷信，而是谦虚的表现。

一个人成功之后，如果指称自己的成功，是能力超群的结果。或者全力投入、长期努力、计划妥当、用心调整等等因素带来的果实，听的人会不会服气？会不会引起别人的嫉忌，因而背后恶言恶语，甚至造谣、破坏？电视上有一则广告，女主角开口就说：“请不要嫉妒我亮丽的头发。”我们所听到的反应，大多是“这个人的头发丑死了，一点儿也不觉得亮丽”。若是一个人自夸“我之所以成功，是聪明加上努力的结果”，尽管他说的是实在话，众人的反应，恐怕多数也是嗤之以鼻。

这绝对不是一般人所谓的“见不得别人好”，而是中国人自古以来，特别看重“谦”德的表现。哪怕是一丝一毫的骄傲，都被中国人视为败德之源，迟早会带来败亡的衰运。

前言中提及成功的要素，为“一命二运三风水四积阴德五读书”。看不清楚的人，就根据这种论点大做文章，指称中国人相信命运，是典型的宿命论者。

其实，“一命二运三风水四积阴德五读书”，可以由上向下看，也可以由下向上看。由上向下看，成为天定胜人，而由下向上看，就成为人定胜天，这才是中国人上下自如的妙用。

先说由上向下看，一个人把“命”放在第一优先的位置，一心一意想靠命成功。命靠不住，就希望好“运”。好运千等万等不出现，于是央三托四，找人改风水，盼望“风水”一动带来好运。不料东改西改，始终没有什么动静，这才想起“积阴德”。积了好久都未见功效，不得已埋头“读书”，却不明白这里所说的读书，其实是“明理”的代名词，根本和“死读书”、“读死书”扯不上关系。这样一拖再拖，等到有一天终于想通了道理，大概已经虚度一生，再也没有希望了。

由对天的失望，再想到人的用力，乃是天定胜人的明证。天命把人力拖老了，也拖得衰弱了，从而让人无所用力。

一切按照道理去做，自然会成功。

反过来看，也就是由下向上看，一个人把“读书”明理放在第一优先的顺位，一切按照道理去做，成功的几率自然很大。不过为了小心起见，拿“积阴德”来补足自己可能无意中违背道理所衍生的缺失；再小心一些，拿“风水”、“运”和“命”来弥补自己“积阴德”和“读书”明理的不足，哪里是命定论？根本就是“人定胜天”的自我开创者，我们称之为“造命者”。

中国人喜欢造命，所以特别看重机缘，用感应力来自力互动，开创自己成功的命运，其要点如下述：

1. 成功靠机缘。
2. 人人是贵人。
3. 处处是吉地。
4. 时时是良时。
5. 自力胜他力。
6. 互动有感应。

1.成功靠机缘

成功就是不断转危为安。

踏入社会的最初五个年头，固然是跳槽或改行的最佳时期，然而这并不表示此后一直到退休或老死，都不能跳槽或转业。事实上人到中年才改行、转业，开创出灿烂第二春的，也颇有人在。

不过，愈早跳槽愈没有重大的负担，愈晚改行、转业愈需要坚毅的决心和果断力。而不论跳槽或不跳槽，改行、转业或固守一行，大多数成功的人，都不能不承认：幸运降临才使自己走上成功之路。

我们已经说过，所谓“命运”，就是人对自己的选择。人的一生，正是一连串抉择的历程。

人必有死，死是大家一律平等的生命终点。在到达死亡终点之前，各人充满了各种自己选择的机会，因而造成不同的命运。

“运”的意思，相当于运转。人生的过程有如车轮一般，时而向东，时而向西。有时转福为祸，有时则转危为安。转得好就叫作幸运，转不好便是厄运。

谁在转？自己在转。所以人才是自己的主宰，应该对自己的运气负责。

“命”指天命，老天爷的命令，要我们按照道理去运转。不希望我们违背天理，做出伤天害理的行为。

从这个角度来看，天命是确定的，所以命定有相当的道理。命定的意思，是说人如果一切按照道理去走，终究会走出好运来。相反，人若是不按照道理去做，迟早会步入厄运。这种必然的定律，是天命所规定的，谓之命定。

人在运转自己的时候，按照命定的方式去操作，等于驾驶人在高速公路行驶车辆，严守交通规则，自然会带来一路平安的好运。

“尽人事，听天命”，可以解释成在天命许可的范围内，尽自己的力量去配合，所以成为趋吉避凶，防范灾祸、苦难于未然的最佳法则。

把一命二运三风水四积阴德五读书，顺着来看，认定命的必然性，然后运转得合理，自然能够获得必然的幸运。

倒过来看，由自己明白道理、实践道理做起，累积相当的实践经验，当然比较容易符合老天爷的命令，因而得到更多的幸运。

幸运是自己努力奋斗的结果。

幸运是自己求来的，奋斗得来的。一切按照天命、顺乎道理，怎么会不幸运呢?

人运转自己，循环往复于幸运与不幸之间，这时正确的抉择，便是决定自己命运的主要因素。

运气的好坏，并非偶然。自己运转时的理念与努力，对其有决定性的影响，所以说“造命在我”，自己决定自己的命运。

但是，有没有正确选择的机会，则无法完全操之在我。一切遵守交通规则，却死于天灾人祸，这只好承认天定胜人，人算不如天算了。

人仅能在老天爷给予的机会当中，选择最有利的，然后好好去运转，这又是命定的另一种意义。

老天爷给我们的可能机会，就是机缘。机缘良好的人，表示可供选择的机会比较多，而且东挑西拣，多半都是好的。机缘不足的人，眼前可供选择的机会很少，而且挑来挑去，都可能是不好的，奈何?

成功靠机缘，人必须努力充实自己，随时提高警觉，当良好机缘出现时，才能及时抓住，并且正确地判断、抉择，成为真正的幸运儿。

2.人人是贵人

用不讨好的方式来获得他人的赏识。

机缘的出现，最难得的是贵人。

请问：在人生过程中，有人赏识、举荐、提拔、栽培，是不是比一切靠自己努力向上爬，要来得轻松、速捷而且愉快呢？

不错，自己不努力，缺乏真本事，别人不可能来赏识、栽培，就算认真举荐、提拔，最后也因为自己是扶不起的阿斗而作罢。但是有本事的人，如果一直没有人赏识，缺乏有力人士的举荐和栽培，是不是容易受委屈、受埋没呢？有本事而又肯努力的人，加上有人提拔，会不会平步青云，早日获得应有的表现机会呢？

同样的才能，遇到不同的老板，往往产生不同的结果。能够赏识、栽培、举荐、提拔自己，使我们更加顺利地到达成功的境界，这种人士，就是我们所乐见的贵人。

贵人贵不贵，并没有具体、明确的标准。我们最大的遗憾，在当时不知道他是贵人，事后才发现原来我得罪了贵人，真是自己跟自己过不去，因而不得不承认自己最大的敌人，正是自己。

我们必须提高警觉：贵人并没有正字标志。他可能很高贵，也可能十分贫贱。他有时显得权势十足，有时却相当平庸。最可怕的是，贵人的出现，既没有瑞云、金光等征兆，也缺乏明显的标识，弄得大家时常错失贵人，因而抱怨有眼无珠，不得不怀疑自己的眼力。

不识字固然可怜，不识人尤为可悲。而不识人的最大悲剧，则在于不识贵人。天老爷这么疼我，派了这么大的贵人来帮助我，哪里知道一时大意，竟然把他得罪了，唉，怪谁呢？怪自己看不清楚吧。

其实，要培养好眼力，并不容易。要求自己能够一眼看穿别人的无能，似乎很简单；希望自己一下子就看出谁是贵人，实在万分困难。

把每一个人都当作贵人看待，最有把握成功。

最有效的办法，是把每一个人都当作贵人看待，人人是贵人，结果一个贵人也跑不掉，最为上策。

不管他如何对待我，我总以合理的态度对待他。这种情况下，保证一个贵人也不会遗漏。每一位老天爷差遣来的贵人，都被我们用合理的态度所感动，因而提供应有的协助，使我们蒙受福分和利益。

中国人习惯于由一视同仁到差别待遇，便是不希望对人乱下赌注，以免万一押错宝，对自己不利。

面对陌生的人，一视同仁，用同等合理的态度来对待所有的人。这时候我们尚未察觉谁是贵人，谁又不是贵人，只好一视同仁，给予同样的待遇。

让每一个人对我们都有良好的印象，就用不着担心谁是贵人，因为贵人一出现，便对我们有好感，自然不致拂袖而去，却会给予我们有利的协助。

把花在察觉究竟贵人在哪里的时间和精力，用来切实修治自己，让与自己接触的人，都有好印象，这才是万全的做法。

对人有礼貌，随时随地将心比心，给人合理的尊重，这些做人的起码条件，是“五伦”的根本修养。

人必先成为一个堂堂正正的人，然后才谈得上五伦。无论父子、夫妇、上司部属、兄弟、朋友，都是具备“人之所以为人”之后的更进一步的关系。

修己的重点，一为“公”，一为“诚”。公就是公正，一切求合理。诚就是诚恳，凡事有诚意。考虑事情，站在公正、合理、客观的立场；与人相处，抱着“人同此心、心同此理”的心情，按照“己所不欲，勿施于人”的道理，诚诚恳恳，实实在在，请问：贵人有什么理由不喜欢帮助我们呢？

3.处处是吉地

工作环境良好，比较容易成功。

机缘除了贵人之外，还需要吉地。所谓风水，如果从采光充足、空气流通以及居住的人心情舒畅、没有压迫感来看，是合乎卫生科学的。

吉地的意思，扩大一些来说，就是一个人所处的环境，是不是适合人的实际需要。如果合适，便是吉地。

譬如一个人在劳动时每分钟呼吸空气量约为四十公升，消耗氧气约为二公升，产生二氧化碳约一点七公升。从前我们认为二氧化碳有毒，以为二氧化碳的存在量增加与舒适度有密切关系，现在已证实并非如此。因为空气中的二氧化碳，可以增高到百分之零点一到零点五，而并不会影响人的健康。现在我们认为较重要的是增加通风量，利用室外的清洁空气来冲淡室内有体臭与二氧化碳的空气，同时调节室温与相对湿度以维持舒适的感觉。

由于人体本身会产生热，所以就算不在高温度的工作环境下操作，也会受到热的威胁。人所食的食物，有五分之四变为热，其它的五分之一则补充身体的组织或用作其它消耗。因此工作愈重，燃烧（消耗养料）愈多，产生的热也愈多。人体中最高的器官脑，只能在一定温度的情况下，发挥最大的效能，太热太冷都不适宜。如果由于工作环境的影响，身体不能维持一定的体温，由工作而产生的热量，就会使体温升高，工作者会感到疲乏、头痛、晕眩、恶心、胃痉挛、脉搏加速等症状，若是不加以处理，可能因痉挛而导致死亡。

此外，如噪音、有害光线、毒物、热辐射等，对人体的危害，也日趋明显。

再就工作空间而言，有一种“空间泡(Space Bcbbble)”的存在，无形中包裹着人和物。它很不容易具体地加以描述，必须在人际变动时，才易于察觉。不同的个体彼此距离过近，空间泡便发生互相挤压且有重叠的现象。若是工作者产生不安、退避、改变姿态等现象，表示他所拥有的空间泡已经受到挤压和侵入。可见过分狭窄的工作空间，令人长期承受压迫感，也会构成生理上的障碍。

由于环保意识日愈高涨，使大家对环境的要求，比过去重视得多。大家在选择职业的时候，无不要求工作环境的安全与舒适。

一个人的成功，受到工作和工作环境双方面的影响。工作胜任愉快，工作环境却缺点很多，也会使人逐渐不愉快而归于失败。

当年孟母三迁，为的是寻找吉地。现代人为改变环境而跳槽、改行、转业，为的也是寻找吉地。

心理的自我调整会影响工作情绪。

不过，环境的合适与否，固然有其客观的条件，可以逐项加以确实的评估。而心理因素，也有其主观的影响。同样的环境，心情良好时一切十分满意，心情恶劣时则样样都不顺适。

中国人主张随遇而安，便是在心理上自我调整，做到处处是吉地，就可以摆脱客观的限制，任何环境都能成功，这才是弹性大、适应力强的表现。

我们的建议是：能够挑选环境的时候，不要放弃机会，好好地挑选。不能挑选的时候，则抱着随遇而安的心态，照样愉快地生活下去，把工作做得很好。

如果一个人受到环境的限制，便天天抱怨，哪里有什么突破的能力？哪里有什么改造的可能？

人必须能处良好的环境，也能处恶劣的境地，才不致为环境所困。

一方面尽量改造环境，使其安全而舒适。一方面也要随遇而安，以欢愉的心情，来适应当前的环境。处处是吉地，环境不能把我怎么样，我就一定能够成功。

4.时时是良时

天时地利配合，才能成功。

中国人所说的“堪舆”，“堪”指天道，“舆”即地道。堪舆是天文地理的配合，意指吉地吉方之外，尚须重视吉日良辰。天时地利配合，才能成功。

现代环境污染日趋严重，使我们感叹“吉地难求”，因此更要注意吉日良辰的选择。

地理譬如物质，时辰有如精神。物质、精神互相配合，当然最理想。但如两者不可兼得时，仍然以精神为重，所以时间比空间，精神比物质，往往更为重要。

吉地好比名牌汽车，良时有如优良驾驶。开车技术不好，名牌汽车照样会出车祸。一个人生不逢时，就算环境良好，也很难获得成功。

举例来说，兄弟两人德、智、体、群各方面都十分相当。哥哥从部队退役时，正好赶上不景气，公司遇缺不补，不考虑招考新人。他央三托四，好不容易才找到一个不很合意的工作，无可奈何地接受了，工作得并不起劲儿。弟弟退伍时，经济环境快速复苏，有好几个工作机会等着他，精挑细选的结果，当然称心如意，工作干劲十足。

请问，这不是“时”在作怪，又是什么？哥哥埋怨，又有什么用？大不了怪自己当年跑得太快，忙着从娘胎里跑出来，一心想当哥哥，却不料二十四年后，赶上不景气，真是倒霉。

弟弟也用不着神气，更不能骄傲。因为“时”照样会变，现在的吉，可能潜伏着未来的凶。眼前过分顺利，将来能不能保持，实在难以预料。

中国人喜欢说“时势造英雄”，“时势”包括“时”和“势”。时是时机，势则是情势。

时机是他力，我们实在无能为力。时机不好，谁也很难加以改变。因应不良时机的最佳法则，只有一个“等”字。暂时忍耐，好好等待，总有一天时机好转，再趁时而起。有些小生意取名“度小月”“候时机”，就是这种意思。

时机不好时要做好准备，才能及时兴起。

这种“等待”的观念，看起来十分消极。其实等待也有不同的方式，至少有空坐在那里和忙着做准备两种类型。空坐在那里等待，就算等到时机好转，也不可能成功。忙着做好准备，等待时机一旦好转，马上及时兴起，才不致落空。可见积极地等待，会产生不同的结果。

我们既然不能改变时机，为什么时机不好时，仍然有人成功呢？原因在“时”之中，含有“势”在。情势和时机不同，它完全是一种自力。就“时”而言，我们说人定胜天，就在如何造势；情势是可以凭自己的力量来创造的，所以不但不能等待，而且要尽心尽力去造势。社会上很多人喜欢造势，可见大家都知道它的重要性。

时机良好，要及时掌握；时机不良，要设法造势。这样，时时是良时，就用不着一天到晚，要找人看时了。

前面所说的哥哥，退伍时赶上不景气，只找到一份不理想的工作。他如果明白守时的道理，就会耐心地等待，并且做好充分的准备，一旦景气恢复，马上找回理想的工作，就会时来运转，走上成功的大道。

他也可以利用造势的原理，在不景气上找到最有利的情势，因而获得老板的赏识，照样可以工作得很起劲儿。不景气中，仍然有人赚钱，可以证明“势”的妙用。

一个人不重视时势，很可能事倍功半，招来严重的挫折感。一个人若是只知道等时守势，大概也会兴起“不知道要等到何时”的叹息，而浪费了宝贵的时间。

最好的办法，是认为时时都可能是良时，以积极的态度，来等待时机，并创造有利的情势。

天天是好日，时时是良时。具有这种念头，自然心情愉快，创造力也会增强。

5.自力胜他力

人定胜天，自力可以成功。

“时势造英雄”，英雄照样可以造时势。

天定胜人，人定也可以胜天。

他力赢过自力，当然可以改变成“自力胜他力”。

成功的人，多半得力于天时、地利、人和的良好配合。

俗语说：“落土时，八字命。”人的生辰八字，代表一生的命运。预知自己的命运，就好像收听气象预报一样，知道台风要来了，我们无法阻止，就要做好防范的准备。可见，有了命运的预测，可以趋吉避凶。

但是，命运的预测，毕竟不像气象预测那样科学，具有共同性的准确度。命运预测的准确性，随着预测人的不同，有显著的差异。所以找什么人预测，就不像收听气象预报那么简单而方便。

气象预测科学而精确，也往往有测不准的时候。其实，这不是气象台测不准，而是预测之后，气象又有了变化，所以看起来好像测不准。

这样说来，对未来的预测，一方面可能测不准，一方面也可能由于未来会变化而失去准确性。

人有命运，却不断由于自己的努力，而有所变化。在这种情况下，预测命运便出现了两大难题：一是不知道找谁才可靠。二是预测之后随时在变，不可能随时找人询问，等于没有预测。

我们的建议是：除非自己觉得很有必要，不要随便找人预测命运。以免听了以后，信也不是，不信也不是，反而造成心理上的负担，防碍自己的决策。

如果觉得有必要预测，最好打听一下，找到比较可靠的相士，仔细请教一番。这时候务须记住："说自己好的，接受，把它当作一种激励，好好去实现。说自己不好的，不要接受，把它当作一种预先的警报，一定要改变它。"

倒霉的事件，往往发生在心里愿意承受的人，或者未能提高警觉，并且事先采取防备措施的人。唯有不接受不良命运的安排，才会未雨绸缪，以万全的准备来扭转逆运。这样，才是真正的趋吉避凶。

地理方面，舒适的工作环境能够提升工作绩效。许多公司行号或家庭，为求居住、工作平安，喜欢拜土地公。土地公又名福德正神，实际上是农业时代大家感谢土地生产食物，兴起对自然的崇拜，后来自然神人格化，才出现这样的土地公。

把土地公的概念延伸扩大，应该是环境保护。对于周遭的环境，怀着感谢的心情，不但要维护它，爱惜它，而且要防止对它的破坏。

人和方面，要把每一个和自己接触的人，都先当作贵人看待。拿合理的态度对待他，就不致无意中得罪了贵人而悔恨不已。

天时、地利、人和良好配合的主导力量，原来都操之在我。

主动认识天时、地利、人和的重要性，并且确实把握正确的原则，务求以自力胜他力，这样，英雄造时势，成功就在自己的手中。

古人常说："命里有时终须有，命里无时莫强求。"这句话并没有错，却必须配合着"尽人事以听天命"，把两句话合在一起，才能够明白其中的道理。

"尽人事"指自力胜他力，当一个人把天时、地利、人和配合得十分良好时，多半可以印证"命里有时终须有"。万一不幸而失败，那就"听天命"，因为"命里无时莫强求"。这是最后的安慰剂，防止自杀的良药。

6.互动有感应

人与人的互动，产生感应。

无论天时、地利、人和，实际上都是自己和天、地、人的感应，亦即互动的结果。

人人都具有相当的感应力，可以有效地和天、地、人取得某种程度的互动。

良好感应，来自“诚”“信”和“行”，兹分别说明如下：

1. 诚。成功的条件，以心理条件为最要紧。而在心理条件当中，诚居其首。诚的表现分内外，内为德，外为业。

在品德修养方面，各人都能够合理地约束自己，不侵害他人，更进而互相亲爱，互相帮助。

在事业发展方面，各人都以谋正利、求长久的安宁为原则，不贪求近利、邪利，更不企求不劳而获或不义之财。

对自己诚，要使自己不成为害群之马，不扰乱社会安宁，也不加重社会的负担。

不窃盗，不侵占，不损人利己，不过只是消极的独善其身，还应该更进一步，对别人诚。发挥自己的修养功夫以处世接物，对人诚实和悦，力求安人。凡能修己安人的，必然成功。

2. 信。成功的心理条件，除了诚以外，最重要的，在“信”，亦即对自己的成功具有信心。

我们第一要相信中国人一定可以长久生存在世界上，第二要相信中国人可以表现出堂堂正正的人格，第三要相信自己可以成为堂堂正正的中国人，并且在三十六岁以前，获得相当的成功。

为了增强自己的信心，我们建议经常对自己宣示："我一定成功"，而且"我一定在三十六岁以前成功，因为我下定决心，一定要真正达成这个目标"。

事实上，当大家读到这里的时候，我们已经深深了解，大家具有令人敬佩的"诚"与"信"，否则早已把本书束之高阁，搁置在书架上了。

3. 行。有了信心，具备诚意，这时最要紧的，便是力行。有些人决心要成功，却打算在某些事情完成之后，再来开始。这种恶劣的习惯，使得很多原本可以成功的人，由于一再拖延，耽误了大好时光，而无法如愿以偿。

从今天就开始，其实并不是一句金科玉律。我们建议从现在开始。现在，一刻都不要拖延。

成功是自己力行的结果。

算算看，自己在到达三十六岁之前，还有多少个年头。检查一下，自己在成功的条件方面，还欠缺哪些。如何充分利用这仅有的几个或几十个年头，好好地补足自己所欠缺的成功条件。不但有计划，而且切实考核，务求丝毫不苟。

行的时候，必须考虑天时、地利、人和的配合。依据上述的"包抄原则"，以"时时是良时，处处是吉地，而人人都是贵人"的观点，即知即行。

有些人看到本书的书名，好像视而不见，或者见而不当一回事，那就证明缺乏机缘，或者机缘未到。

有些人翻开来看看，发现一大堆道理，觉得没有兴趣，甚至怀疑是否过分陈旧迂腐，因而看不下去，这也是缺乏机缘，或者机缘未到。

各位已经看到这里，显示机缘成熟。如能以诚信来和周遭的人、地、物互动，必能产生良好的感应。

不要迟疑，从现在就开始，以互动来寻求良好的天时、地利、人和，谋求合理的感应，使自己在三十六岁时，顺利达到成功的目标。

修炼内功第七步：调节力

七　发挥随时调整的调节力

导读

· 为什么要随时调整？
· 随机应变和投机取巧怎么区分？
· 为什么谋事在人，成事在天？
· 预见力和成功有什么关系？
· 什么叫作改善意识？
· 怎样才能有所变有所不变？
· 微调整为什么可避免大变动？
· 为什么事缓则圆？
· 停、看、想，有什么好处？
· 为什么三十六岁是合理的成功年龄？

随时调整才能因时制宜。

理想和实际，经常有一些距离。平衡是一种理想状态，而不平衡才是实际的情况。

我们所拟订的成功计划，执行时不免发现事实上有行不通的地方。如果坚持原来的想法，丝毫不愿意改变，有时就会窒碍难行。

计划并不是订出铁路行车时刻表，要求每一班列车，都要准确地按照预定的时间抵达和出发。就算是，也应该依据实际情况，适时加以调整，例如假日加班，或者开出混合列车等等，以适应顾客的需求。

人生的目标，好比船只的罗盘方位，本身是固定的，笔直地对准目的地。但是实际航行时，船只可能要转向，以躲避暴风雨；或者在雾里减速慢行，以免和其它船只互撞；甚至在台风里使船首向风行驶，以减轻损害；或者改道绕过礁岩或障碍，以策安全。

成功的目标不变，而达成成功目标的计划，却应该随时调整，以求适应实际产生的变数，克服困难，达到预期的成果。

中国人喜欢凡事到时候再讲，乍听起来，好像事先没有计划，完全是临渴掘井。其实，中国人也重视“凡事预则立”，讲求事先周详的盘算。把“凡事预则立”和“凡事到时候再讲”两句话合起来一并思虑，不难明白中国人的主张，应该是凡事一定要先有周密的计划，才不致仓皇失措。但是由于随时可能出现变数，所以必须随时调整，到时候看实际情况而改变。中国人看起来常常说话不算数，但大多数人都认为自己很有信用，原因在看自己：适当的改变；看别人：说话不算数。

有目标，要不折不挠。有计划，要随机应变。

随机应变的基础在公正、诚恳。

中国人喜欢随机应变，却非常厌恶投机取巧。偏偏随机应变和投机取巧在看得见的部分完全一样，以致中国人经常自我安慰“我在随机应变”，而不断怨责“别人都在投机取巧”。中国人特别需要克己待人，这是重要原因之一。

随机应变和投机取巧不同的地方，在看不见的部分，亦即是否公正、诚恳。

公正和诚恳合起来，其实就是天意。天希望人公正而诚恳，合乎天意去调整，便是随机应变，否则即为投机取巧。

人，不断在为自己做各种计划。天，也同时在为每一个人做不同的计划。人调整自己的计划，以符合天的旨意，就可能成功；若是违背天意，便可能失败。所以我们只可以随机应变，千万不要投机取巧。

如何有效发挥调节力，说明如下：

1. 预见力必须正确发挥。

2. 时时要具备改善意识。

3. 能进即进该退就要退。

4. 微调整可避免大变动。

5. 随时要配合原订目标。

6. 调节得当样样都成功。

1.预见力必须正确发挥

成事在天，谋事则完全在人。

人调整自己的计划，以符合天的旨意，难道这不是“宿命论”吗？当然不是。

关于天和人的关系，中国人和西方人有不同的看法。方东美先生说过：“西方人好把整个人分作心灵、身体两边；整个的国家分作统治、受治两边；整个宇宙分作真相、假相两边，交相敌对。”这种“一分为二”的态度养成了习惯，拿来解释天人关系，自然把天和人看作最不调和的“敌对系统”。

中国人的天人关系，则十分圆满。天与人交相感应，不但不敌对，不仅不冲突，反而非常和谐。我们知道“天人合一”，天与人的关系，乃是“分中有合，合中有分”。

荀子指出：天是没有意志的，只是遵循着一定不易的自然法则而生成消长。天不但不能降祸福于人，也不会由于人的好恶而改变其生成消长的自然法则。陈大齐先生曾经推崇荀子对天人关系的看法，认为十分接近自然科学的精神。天意其实就是天所秉持的某些自然法则。

天不能降祸福于人，我们心目中的天公，应该是属于大家公有的，不可以特别保佑某些人，否则就是有意制造特权，容易引起不平之鸣。

天既然不能降祸福于人，为什么“成事在天”呢？因为天对人的影响仍然很大，足以为祸，也足以为福。只是天的为祸为福，完全出于人是否善于遵循天的自然法则，所以“成事在天”之前，依然“谋事在人”。

庄子提醒我们：“知道哪些是属于天然的，知道哪些是属于人为的，这就是洞察事理的极境了。”

谋事在人。但是谋事的时候，有两种可能性：一是顺天，亦即顺着天的自然法则去计划；一为逆天，也就是不顺着天的自然法则而盘算。顺天的谋事，容易成功；逆天的谋事，多数趋于败亡。

天的自然法则，是一种“常道”，所以荀子说：“天行有常。”然而这种常道，并非固定不变，而是有所变化的，也正是天道变化构成宇宙生生不息的过程。

所谓，“祸福无门，唯人自召”，即指人心顺天，召福；人心逆天，召祸。人心决定自己的祸福，并非天定，所以不是“宿命论”。

具有判断力才能顺应未来的变化。

天道尚变，未来会变化，才是自然的法则。顺天与否，必须顺应未来的变化，所以预见力十分重要。

对于顺天与否，如果未经缜密考虑，不详加研究，或者拘泥于一方的偏见，便贸然加以判定，乃是不折不扣的独断。若是详加研究，有确切的依据，了解是非利弊，才加以判定，那就是判断。

但是面对变化的未来，我们不可能完全了解。例如“人必有死”是常道，然则“死于何时，死于何地，如何死法”，即使电脑也无法解答。不过依据某人的过去和现状，大概可以推知其死的时、地与死法。这种“概然率”，就是预见力的根据。

判断离不开概然率，所以判断包含了预见力。把偶然尽量减少，将必然全力提高，这就需要正确发挥预见力。

有规律可循的，叫必然，否则为偶然。可循的规律，就是天的自然法则。中国人的商店，只有取名“顺天堂”，绝无命名为“逆天堂”的。江湖人物，自号“逆天使者”或“欧阳逆天”的，必定是人人可诛的败类，可见顺应天的自然法则，才是最可靠的预见力。

2.时时要具备改善意识

因循苟且容易导致失败。

温柏博士 (Dr.George Weinberg) 说："你每做一个行为，就加强了你做这个行为背后的意念和动机。"

我们在日常生活当中，把某些信念或感觉，付诸实际的行动之后，自己就会更加相信这些信念，或者更为加深这些感觉。

中国人常说："习惯成自然。"我们每做一次，就增强一些，久而久之，养成了习惯，就会自然而然地重复去做。

习惯成自然，一切遵照往例办理，很难因应未来的变化，以致成功会变成失败，证实了"成功为失败之母"的道理。

人在不断重复某些行动的过程中，塑造了自己的人格，也建立了自己的一些原则。

然而，随着未来的变化，我们必须依据自己所建立的原则，做合理的调整，产生一些有效的因应措施。

不是毫无原则地应变，也不是习惯性地一成不变，这种持经达变，也就是有原则地应变，才是中国人最拿手的功夫。

持经达变，就是原则有所不变，而措施则有所变。换句话说："不可不变，却不可乱变。"

不可乱变，意指要求愈变愈好，所以变的时候，最需要改善意识。每一次改变，都要变得比上次更好，不容许变得更糟。《大学》说："止于至善"，便是愈变愈合理，愈变愈符合天的自然法则。

王阳明认为善就是良知，一切凭良心，便能止于至善，成功的人，“无不择善固执”，见不善而迁过改善，可见改善意识是多么的重要。

自我创造才能日新又新。

很多人一直保留着自己小时候的样子，力求证明“三岁看大，六岁看老”的真实性，却丧失了自我创造的良机。

小时候的环境良好，家教也很好，一直保留美好的样子，并没有不好。小时候的环境不好，家教也不理想，为什么要一直保留这些阴影，使自己终生受害呢？

这时候改善意识，可以促使我们重新塑造自己的新人格，变成更为美好的新人，摆脱童年的阴影，有什么不好？完全不敢改变，就是“宿命论者”；勇于自我创造，才是真正的“造命者”。

温柏博士说：“人格不是固定的，也不是僵化的，不管是在童年，还是在未来，只要凭自己的自由意志和行动，我们每天都可以创造，并且再创造自己的人格。”

成功的人，不可以完全依照往例办事，应该以合理的改善意识，来自我创造，以“日日新，又日新”来塑造自己的成功大道，确保生生不息。

一切秉持过去的成功经验，由于未来的情境变化，可能产生若干“原来有利的因素，变成不利的障碍”，因而从成功的颠峰，掉入失败的深渊，殊为遗憾！

3.能进即进该退就要退

时时要求自己变得更好。

凡遇着一件事，究竟应该先想变呢，还是先想不变？我们的建议，是先想不变。

不变好不好？如果不变很好，那就不要变。因为不变很好，一变可能反而不好。这时候一动不如一静，维持原有状态，比较合理。

不变不好，那就要变。这时候进而思考怎样变才好。意思是，找出不好的原因，再来加以合理的调整，目的在求变得更好。

钱穆先生指出：人生有三种路向。

印度人采取“无限后退”的向内展开；西方人喜欢“无限前追”的向外展开；中国人则秉持中庸的态度，不向外，同时也不向内。“当追即追，当退即退”，毅然走出中间路线，可进可退，能进也能退。

先看西方人的态度，无限向前，也无限推进。

追求逐步向前，权力逐步扩张，人生逐步充实。这时候的感觉，当然是一种欢乐愉快的满足。

但是，向前追求固然获得某种程度的满足，却不能使自己的向前停止。因为一旦停止向前，就会造成生命的空虚。为了避免生命空虚，势必无限地向前推进。

问题是：欢乐愉快转瞬成空，烦闷与苦痛接踵而来，逐步向前，等于逐步扑空。生命的支撑点不在生命自身之内，反而安放在生命自身之外，导致知进不知退的无限前进的致命伤。

再看印度人，彻底翻转路向，朝向人生的内部。然而，钱先生认为：向外，有无穷的外展开在面前；向内，又有无穷的内展开在面前。

每进一步，总觉得前面又有另一步，向前前面还有更前；向后，后面还有更后。向外无尽，向内也无尽。

向前一步，扑着一个空，因而不得不再向前。而再向前一步，又是扑着一个空，因此又不能不继续向前走。

后退一步，同样扑着一个空，不得不再向后退。而再向后退，也同样扑着一个空，因而又不能不继续向后退。

钱穆先生说：向外的人生，不免要向外面物上用功夫。而向内的人生，则是求向自己内部心上用功夫。然而这里同样有一个基本的困难点，摆脱外面一切物，遗弃外面一切事，便可能觅不到心。

中国儒家的人生，不偏向外，也不偏向内。只依着一条中间路线而前追，但随时随地，都可以停止。

全力投入，尽力而为，但不能过分勉强。

一方面要科学，一方面却不愿意战胜自然，克服自然。一方面有一个辽远的向往，一方面却肯定当下即是的情境。两方面兼顾，既不远离现实，也不沉溺、迷醉于现实。

现代中国人，盲目追求西方向外推进的人生，以致倾向于权力崇拜。倾向于无限向前，却掉入了眼前享福的陷阱。因而急功近利，只求眼前的利益，毫无长远的打算。

一个人应该有理想、有目标，但是不能一味只能进，不能停。请问：为了将来，牺牲眼前的一切，合算吗？若干成功者心胸狭窄，容不得人，便是当年过分辛苦，才养成这种偏颇的心态。

不错，吃得苦中苦，方为人上人。但是，正因为自己曾经吃苦，更需要培养宽恕的心情，以免成功时，怀恨整人。

全力投入，尽力向前，却不必过分勉强。因为兼顾眼前的实际情况，保持身心的健康，才能走出更长远的道路。人生是长期的竞赛，暂时的落后，并不注定永久的挫败。休息，是为了走更远的路。偶尔停顿一下，有时落后一点儿，只要不折不挠，终究有赶上去的一天。果真赶不上去，已经尽力，当下的成就也是最好的果实。只要问心无愧，便是成功。

4.微调整可避免大变动

警觉性高才能见微知著。

能进即进，应该退就要退。有一个先决条件，便是“尽人事”。已经尽人事，进固然可喜，退也问心无愧，同样可喜。

怎样才算“尽人事”呢？主要的因素，在随时提高警觉，能够见微知著，因而及时采取合理的微调整，以避免产生大变动，使自己的进退受到重大的影响。

譬如自己和别人的关系，我们最好明白人与人的关系，是动的，不可能静止。人与人的关系，不是愈来愈亲密，便是愈来愈生疏；不是愈来愈信任，便是愈来愈怀疑。如果能够注意细微的变动，及时加以合理的调整，应该可以掌握动向，达到预期。

“冰冻三尺，非一日之寒”，证明任何事情，都有其先兆。只不过这种警告的象征，往往微而不显，以致大多数人，根本看不出来。

一般而言，世界上的事情，大概都是必然，很少是偶然。但是看不清楚事情的先兆，事前无所警惕，无从准备，就觉得十分偶然。

《易经》坤卦初爻，告诉我们必须保持“履霜，坚冰至”的高度警觉性，希望我们当脚上踩着霜的时候，就要注意预防，坚冰的寒冷，马上会来临。

坚冰不可能毫无先兆，瞬间出现，使人措手不及。问题是当我们看到霜的时候，可能轻躁着它，弯着腰用手去揉它。但是心中丝毫没有警惕，根本想不到要准备御寒的衣物。等到坚冰一到，天寒地冻，这才想到冬衣还没有着落，恐怕已经来不及了。

看到薄薄的霜，立即警惕于坚冰很快就会带来严寒，于是极力去准备。若是一切条件都没有问题，自然顺利过冬。即使条件不足，不能完全保暖，至少也会事先找一个比较御寒的地方，准备好食物和取暖的燃料，同样可以顺利地度过严寒的冬天。

万一衣物不足，找不到足以御寒的地方，而又缺乏取暖的燃料，这时自觉已经尽人事，就算冻死，也比较不会后悔。

死得心安理得，便是死时毫不悔恨。尽人事之后，就可以知天命。老天要我如此，非人力所能抗御。我已经尽力，还有什么可以悔恨的呢？

事情既然大多是必然的，而且循序渐进地发展。那么，警觉性高的人，当然能够及时看出先兆，逐渐加以调整。由于事缓则圆，才能获得比较圆满的结果。

譬如开汽车，公路的转弯大多是小角度的改变方向。我们顺着它的角度，轻微地调整方向盘，即可和缓而安全地前进。如果不轻微调整方向盘，等待发现路已转向，这才急速转动方向盘，恐怕不是自己撞上路旁的护栏，便是拉不回来，冲上路中央的安全岛。

调整才可以避免大变动，无论为人处事，都能够得到较佳的效果。

当然，微调整不是不调整，因为不调整不能因应环境的变化。但是微调整也不是限定于轻微的调整，如果情况许可，一次做出幅度较大的调整，等于提前反应即将发生的情况，以免多次调整引起诸多麻烦或抗拒，也是很好的办法。

我们最好采取合理的调整，做出合理的反应，以求取合理的效果。问题是合理不合理，实在很难讲，所以用微调整来尝试。一次微调整之后，赶快看效果，不够，再次微调整，还不够，再来一次。

最要紧的是，事情的先兆，有如人体的初次生病，往往比较容易诊治。这时候毫不迟延，及时加以治理，易收事半功倍之效。

5.随时要配合原订目标

遵循停、看、想的原则，及时检讨目前的成果。

无论怎样调整，都要配合原订的目标。方向变来变去，最后必须安抵目的地，才是合理有效的调整。

刚开始的时候，目标十分明确，方向也把握得很准。然而，东调整、西调整的结果，可能弄乱了方向，搞不清楚目标究竟在哪里。这时就应该暂时停下来，做好停、看、想的动作，确实弄清楚方向，才继续向前行进。

人生的历程中，停、看、想是非常必要的。及时停下来，仔细看一看，认真想一想，也就是切实检讨目前的成果，然后找出合理的方式，再往前推进，才不致一路猛进，却迷失了方向。

停、看、想不止做一次，要有意识地在合适的阶段或必要的时刻，重复这种动作，以确保安全顺利。

有些人调整再调整，终于调整出趣味来，变成以调整为乐，竟然忘记了调整的目的，是为了达成既定的目标。于是为调整而调整，调整到偏离目标而不自知。这样的调整，已经到了喧宾夺主的地步，毫不足取。

章君历史研究所毕业以后，一直想研究我国的民间信仰。他深入各种寺庙，访问各种僧侣、道士。结果对乩童的行为，产生很大的兴趣。

他一而再，再而三的走访乩童，发现原本不会说英语的，居然在“神灵附体”的时候，能够脱口说英语，而且十分流利。于是章君放弃了民间信仰的系统研究，专门探讨乩童的形成和行为。虽然说两者具有相当的关联性，但对一位历史研究所的高材生而言，毕竟有点儿大材小用，殊为可惜。章君调整到迷失原订的目标，值得我们警惕。

詹君为了做好贸易相关的文书工作，到打字补习班去练打字。字没有打好，却对办补习班深具兴趣。和几位好友合开一家打字补习班，在采购打字机的过程中，发现即使是名牌的打字机，也需要电脑来配搭。于是他把打字补习班的业务，交给请来的班主任去处理，自己则移转目标，去贩卖个人电脑。

他这样变来变去，不知道下一步还要调整到什么地方。这种态度，正是一般人所说的朝秦暮楚，不能达成原订“成为诚信贸易商人”的目标。同时显现见异思迁的毛病，被人家讥评为“到处拭擦的桌布”，意思是这里擦擦，那边擦擦，活像一块擦桌椅的抹布。

时常变换工作，如果是为了丰富自己的经验，当然是有利的举动。但是扩大经验，必须有明确的目标，为了既定的目标，在相关的范围内丰富自己的经验，乃是可喜的现象。否则世界上的事物，广大无涯，而自己的生命，却有一定的期限，拿有涯的人生来体验广大无涯的事物，恐怕会耗尽体力，而一事难成吧！

目标不能变，过程可以变。

成功的人，必须有“取之于社会，用之于社会”的理念。一切的转换，都是为了达成这样的理想，才能够持经达变，不致由于一时的调整，而迷失了自己的目标。

持经达变的人，目标不能变，过程时时在变。这种方式，就叫作以不变应万变。拿不变的既定目标，来调整万变的过程，当然不会变到乱掉了根本。

现在有些人不明白以不变应万变的道理，居然异想天开，提倡以万变应万变。其实，以不变应万变乃是有原则地应变，其中，“不变”的就是原则。而以万变应万变根本是没有原则地应变，因为原则万变，就等于没有原则。弄清楚两者之间的差异，不知道还有什么人会主张以万变应万变呢？

中国人最自豪的，便是自己很有原则。几乎没有中国人，会自己承认没有原则。我们都明白不可不变，也不可乱变，所以必须依循自己所订的原则来应变。

一个人变来变去，变到偏离既定的目标，已经是乱变，大概不可能成功。即使侥幸获得成功，内心也十分茫然，不知自己究竟是对是错。

谁都希望自己所订的目标是正确的，因而努力来证明自己的梦想并非幻想。每当美梦成真，就会十分快乐。如果偏离目标而成功，至少证明自己的梦做错了，或者忘记了自己所做的梦。无论如何，总有一些迷惘，有一点儿茫然。

6.调节得当样样都成功

三十六岁是合理的成功年龄。

成功就是在任何事情的上限和下限之间，找到合理点。凡事没有过与不及，便是成功。

三十六岁成功，提醒我们，不要成功得太早，也不要成功得太晚。

太早成功，自己的身心都未臻成熟。一方面不容易充分体会成功的滋味，一方面也不会珍惜成功的果实。这时候受到大家的哄抬，很容易骄傲自满，产生不正常的心理，表现出不正常的行为，很快导致失败。

三十六岁以前，与其早成功，不如晚成功。三十六岁以后，若是尚未成功，那么，颠倒过来：与其晚成功，不如早成功。

如果把失败看成挫折，三十六岁以前，应该是：与其晚失败，不如早失败。趁着年轻失败，比较有勇气再来一次。年纪愈大，愈受不了遭受挫折。

三十六岁以后，最好改为：与其失败，不如不失败。意思是好不容易奋斗到三十六岁，才获得成功，就应该时时警惕，爱惜自己的羽毛，避免再度遭受挫折，甚至掉入失败的痛苦深渊。

对于中国人，最令人痛心的，莫过于晚节不保。意指年轻时成功，而年老时失败。由于年老气力渐衰，而且时日不多，万一不能恢复成功，势将饮恨而终。

为了避免晚节不保，三十六岁成功之后，必须步步为营，小心谨慎，以期确保长期的成功，直到老死为止。

1. 事业方面：目标订得太高，很不容易成功；订得太低，达到了也算不得成功。所以订定事业目标，不可能没有弹性。在所订的弹性范围中，如何因应实际状况，审慎调节，才是奋斗过程中，为了确保成功而不能忽视的主要因素。

2. 婚姻方面：我们当然不可以否定单身贵族的价值，但是，单身不成“族”，又哪来“单身贵族”？结婚是人生大事，不能掉以轻心，也不能够为结婚而结婚。调节得当，便是有结婚的念头，不放弃合适的对象，也不故意逃避或拖延。不过，万一真的遇不到合意的人，又没有人乐于从中做媒介，自己也不好意思参加“我爱红娘”这一类的活动。那么，这时候最好的态度是既不心急乱找对象，也不从此死心，不再兴起结婚的念头。这样有一天机会来临，仍然能够快快乐乐地成家。

3. 工作方面：最可贵的当然是找到合乎自己兴趣的工作。然而，万一事与愿违，一时找不到与自己兴趣相合的工作，难道我们就宁可待在家里，或者在家门口空悬“个人工作室”的招牌以资掩饰，而不肯屈就仅有的工作机会？答案当然是否定的，因为大丈夫能屈能伸，暂时忍耐一下，再徐图重新找到合意的工作，才是磨练自己，使自己能进能守的合理处置。

4. 处世方面：得意时要考虑失意时要怎么办，失意时要鼓励自己有一天也会得意。能够让人家占便宜的时候，不必过分斤斤计较。没有本钱让人家占便宜的时候，就应该极力保护自己，不受别人的剥削。有能力帮助他人，绝对不要吝啬。自顾不暇的时候，当然优先处理自己的事情。

与人相处，固然有亲有疏，而且亲疏有差别。但是由疏而亲，应该是彼此共同努力的方向。双方各进一步，自然合作无间；若是各退一步，那就趋于冷漠了。不过人与人间，总要有些距离，否则过分亲近，恐怕就会引起不愉快了。

调节的功夫，正是寻找平衡点的保证。功夫愈高，平衡点找得愈快速、愈合理。理想与实际，就是凭不断的调节而获得平衡。

顺天意调节，大吉大利。逆天意调节，往往自召其祸。人要成功，必须顺着自然法则而调节，千万不要逆天，以免自取败亡。

修炼内功第八步：补救力

八　不怕有过失只怕不能够补救

导读

· 为什么需要从错误中学习？

· 补救力包含哪三大要件？

· 为什么要每天自我反省？

· 怎样做好自我反省？

· 反省的目的是什么？

· 自我塑造和我行我素有什么不同？

· 死不认错会产生什么后果？

· 为什么不能够与自己妥协？

· 好习惯和成功有什么关系？

· 什么时候革除自己的坏习惯？

从错误中学习，必然成功。

人非圣贤，孰能无过？过失不是失败，而是提醒我们注意警惕。

不做不错，只有不做事的人，才不致发生错误。因为没有任何动作，当然不可能产生什么错误。

但是不做不错，却也不可能成功。因为没有作为，当然也没有成功的机会。

少做可能少错，这是几率问题。多做很可能多错，同样是比例的增加。所以错不在于多少，重点在是否重复出现。

同样的过错，一再重复，便毫无疑问会导致失败的恶果。若是不一样的过错，则是带来不同的经验，累积起来，就十分可观，对于成功有很大的助益。

人不必害怕犯错，只要知过必改，不再重复同样的过错，就具备成功的条件。从这个角度来看，多做才好。

如果再进一步，做错了赶快设法补救，做到“善补过”，那就更有保障，必然成功了。

在路上行走，不留神踩到别人，如果仅是默默不语，只注意不要再踩到他。这固然是知过必改，而被踩到的人，心里一定不舒服，看到我们默不作声，可能会愤怒地反踩我们一下，并且理直气壮地教训我们：“踩到人家的脚，连说一声对不起都不会，真是没家教。”

踩到人家的脚，除了默记以后走路要小心，切勿慌慌张张之外，如果适时向对方道歉，用真诚的语气说一声“对不起”，自然比较容易获得人家的谅解。

这种适时向对方致意的动作，就是善补过。能够善补过，就等于无过。有过失而不想补救，才算是犯过。

知过而犯过，最不可原谅。

但是，过失的发生，有两种可能性。一种是无心的，不知过而犯过，这是可原谅的，也是能够用善补过来加以弥补的。另一种则是有意的，知过而犯过，那就不可原谅，即使想补过，有时也得不到机会。例如无意中泄露别人的机密，引起当事人的不满。只要大家明白确实是无心之过，便会劝导当事人自认倒霉，从而对我们有所谅解。若是有心抢夺他人的钱财，被当事人察觉，干脆一不做二不休，把他杀掉。天理国法皆不能容，当然谈不上什么善补过，唯有认罪伏法了。

补过的先决条件，在知过。如果连过失都不自知，哪里有想补的可能？补救力包含三大要件，分别为反省、知过与悔改。三者连贯起来，构成知过必改的补救力，成为成功的良药，兹分别说明如下：

1. 养成每天自我反省的好习惯。

2. 反省的目的主要在预防犯过。

3. 万一防止不了就要勇于承认。

4. 不与自己妥协才能知所悔改。

5. 过失的根本原因在不良习惯。

6. 不良习惯要从今起连根拔掉。

1.养成每天自我反省的好习惯

二十六条反省法则，要逐步自我检讨。

人生短暂，不过拥有数十寒暑。时间不知不觉地流逝，而且一去不复还。在这种情况下，浪费时间或者空叹时间流失，不如缅怀过去，常常反省，以策励未来。

反省是一种自我检讨，成功的人，大多都养成了每天反省的良好习惯。反省的项目，各人不同。美国巴比龙成功研究中心（Babylon Success Institute）提出二十六条成功的法则，若是依照这二十六个项目，逐步自我反省，应该可以顺利地迈向成功的大道，其要点如下：

1. 我是否明确地知道自己所要达成的目标？
2. 我是否在脑海中勾划出自己成功时的情况，以增强自己成功的欲望？
3. 我是否拟定周详而具体的计划，并随时评估自己的执行成果？
4. 我是否决定了就马上去做，毫不迟疑，也不找借口拖延？
5. 我是否充满热忱，而且能感染四周的人，把他们也带动起来？
6. 我是否心胸开放，有容纳异见的雅量？
7. 我是否常常乐于请教别人，吸收别人的智慧和经验？
8. 我是否努力吸收专业技术和知识，而且永不自满？
9. 我是否加强创意和想象力，以提高并扩大自己的思考层面？
10. 我是否经常利用潜意识的神秘功能，帮助自己解决某些难题？
11. 我是否喜欢自己、肯定自己、重视自己？
12. 我是否了解自己的长处和短处，并且全力发挥自己的长处？

13. 我是否不断改善自己的思想、谈吐、仪态，使人乐于亲近？

14. 我是否注意并改善人际关系，以增加和谐的效果？

15. 我是否运用沟通、协调，集合众人的力量，达到众志成城的效果？

16. 我是否以积极肯定的心态，面对所有的事务？

17. 我是否意志坚定，绝不向困难、挫折低头？我是否绝不放弃自己的理想？

18. 我是否心无旁骛，绝不三心两意，也绝不推三阻四？

19. 我是否随时注意，并且培养各种良好的做事方式和生活习惯？

20. 我是否乐于多付一分心力，绝不斤斤计较报酬？

21. 我是否能够排除私心、偏见，而保持客观冷静？

22. 我是否把工作看成自己的最大乐趣，甚至达到忘我的境界？

23. 我是否懂得充分利用时间，知道时间是最宝贵的资源？

24. 我是否了解金钱的功能，懂得用钱的艺术？

25. 我是否很节俭，而且固定把所得的一部分储蓄下来？

26. 我是否留意吸收营养、保养身体、锻炼身体？

以上二十六题，每一个“是”获得一分。零至五分为“急待醒悟”级，六至十一分为“急起直追”级，十二至十七分为“力争上游”级，十八至二十二分为“可圈可点”级，而二十三分至二十六分，则为“大有成就”级。建议每天晚上，利用睡前二十分钟，确实做一番反省。最好不要间断，以养成良好习惯。

其中第十题所称潜意识的神秘功能，与坐禅、静坐相近，主要在完全放松自己，闭目冥想。

2.反省的目的主要在预防犯过

反省的目的在预防犯过。

为什么要每日反省呢？主要目的在逐日提高警觉，预防犯过。补过固然是良好的态度，但是最好的补过方法，却是在过失未发生之前，设法使自己不犯过。

能够防患于未然的人，并不是不犯过失，而是由于及时反省，在过失尚未发生或者已发生尚不明显的时候，就把它补救起来，好像没有过失一样。

成功的最大障碍，大概就是得过且过。这种颓废的念头，使人萎靡不振，懒得自己反省。而且“有错又怎么样”“哪一个人没有”“何必要求自己太多”“为什么要跟自己过不去”等等理由，都支持自己继续混日子。等到有一天猛然醒悟，才发现一切都已太迟，早已变成不可救治的失败者，岂非“老大徒伤悲”？

日本矢矧晴一郎先生把“母体诞生的我”，看作“第一人生”，将“自己创造的我”，视为“第二人生”。

他指出第一人生所产生的行为，常会受到父母，甚至祖父母的影响。即使自己故意要和父母相抗衡而持反对意见，也已经受到反影响的影响。入学之后，从幼儿园、初中、高中，乃至于大学，十几年的学校教育，老师的影响力也十分重大。此外，尚有来自上司、同事、部属、同学，以及书本、报刊、杂志等的影响，真正属于自己的思想，实在并不多。

自我创造有三个原则。

要想自我创造，塑造出自己的特性，开创自己的第二人生，必须掌握下列三个原则：

原则一：从零开始，在痛苦中独创出来。

原则二：绝对适合自己的个性。

原则三：不受制于其他人、事、物，可自由发挥。

他建议我们从无师出发，把无师当作人生哲学之一。他说："事师，则难超越师。因为跟着老师学习，所得到的，乃是老师的价值观、思考方式及顺序，而这些对我而言，都不过是别人的东西，并没有我自己的想法在内。每一个人的个性，本来就不相同，而每一个人的善恶，更不可能一致，所以有自己独特的想法，才最重要。"中国人常说"无师自通"，大概就是从无师出发的效果。

不自我反省，也不以父母、师长或朋友为师，怎么提升自己？以父母、师长或朋友为师，始终局限在第一人生，很难有所突破。唯有自我反省，不论从零出发或者由外行开始，只要努力不懈，终有一天，可以创造出属于自己的第二人生。

自我塑造并不是我行我素。

自我塑造，如果仅凭一己的观点，胡乱去闯，可能创造出来的第二人生，比第一人生更糟糕，更杂乱无章，这种失败的塑造，实在不如以父母、师长或朋友为师，一辈子生活在第一人生的影子里。社会上有一些不三不四的人，却自以为是地沾沾自喜，就是这种类型的产物。

有理想、有目的地自我塑造，才能够"日日新、又日新"，创造出比第一人生更为美好的第二人生。这样，我们就需要抱着"一日一人生"的心态，以

“今天是人生最后一日”的想法，告诉自己“今天再不做，就会来不及”，促使自己不但切实自省，而且要有“不让过失产生”的防患需求，加强自己的塑造意识。

矢矧晴一郎先生说：“每个人都知道‘自己将会死亡’，每个人都晓得长命永生是不可能的事；但是，很少有人乐意去面对死神的到来。”

由于“明天我还在，下周、明年也不可能死”，以致凡事都可以“明天再做也不迟”，就很难“今日事今日毕”，因为今天做不完，还有明天，当然不必用心了。

一日一人生，今天不切实反省，反省时不知防患于未然，明天可能来不及。这样的心态，比较容易成功。

3.万一防止不了就要勇于承认

死不认错的人，不敢面对事实。

有些人死不认错，任何过失，都拒绝承认。然而，过错的存在，是事实问题。就算死不承认，过错仍然存在。反而让人家看不起，增加一条“不敢面对事实”的罪名。

有些人见错就推，赶快推给别人，以免自己承担过失。这种方式，看起来十分聪明，也显得很机灵。但是，别人也不笨。我们会推过去，难道他就不会推过来。其实，过失推来推去，大家都逃不掉，有什么好处?

还有一些人，发现过失就伤心透顶，好像天塌下来似的，灰心绝望。这种人多半是完美主义者，见不得丝毫差错。真正的完美，不过是心目中的长远理想，现实不免杂有瑕疵，又何必如此耿耿于怀?

缺失最好不要让它发生，所以必须用心防患于未然。万一不幸产生，就要勇敢面对它，这时候坦然承认，应该是最好的方法。

王生有一次捡到一张钞票，仔细一看，原来是一百美元。他马上想到：应该交给警察先生。

忽然之间，他告诉自己：“我怎么这样傻瓜?交给警察先生，谁知道他会不会私下拿去花掉?不行，我幸运捡到，反而不敢用，怎么还要辛苦送给他，让他轻松地享用?”

找到好的借口，王生迅速把钞票放在口袋里。时而心中不安，想送还遗失的人；时而理直气壮，到哪里去找失主?于是，一念之间，钞票就据为王生所有。防患不成过失终于产生。

不久，王生的好友李君告诉他："我哥哥寄了一张百元美钞给我爸爸，祝贺老人家生日快乐。谁知道我爸爸拿来拿去，竟然掉了，伤心得很！"

王生听罢，想到自己有三条路可走：

第一，叫李君安慰老人家，财去人安乐，一百美元算不了什么，大可不必放在心上。自己则绝口不提捡到钞票的事，反正我不说，谁也不会知道。

第二，表示对老人家的关心，向李君献策，要他写信告诉哥哥，再寄一百美元，补偿爸爸的遗失。在美国有工作，一百美元应该不算什么；有了补偿，老人家就不致耿耿于怀，于是自己也可以放心花用那一百美金。

第三，向李君诉说今天上午无意中捡到一百美元，由于一直忙到现在，还没有交给警察先生。既然是李老先生的失金，那就劳烦李君原璧奉还。

在现实社会中，第一条往往有想象不到的效果。李君的讯息，正好提供王君判断的方向，只要避开李君一家人可能触及的范围，王君死不承认，而把那一百美元花掉，很少会有什么后遗症。

然而在良心上，王君就必须背负一辈子的后悔。当花掉一百美元成为事实之后，在王君心灵已经烙上一个永远去不掉的铁印。以后每当忆及此事，都会难过不已。若是不当一回事儿，就会变本加厉，愈陷愈深，终于造成万劫不复的憾事，更是不堪设想。

第二条看起来颇具人情味，实际上增加很多变数。哥哥可能写信给父亲，告诉他年纪大了，记忆力减退，所以不敢再寄钱给他。爸爸可能因为把儿子寄来的钱丢掉，又让儿子知道事实而更加不安。李君可能由于听从王君的献策而弄得三面不讨好。事情复杂化，对王生而言，不但没有好处，反而增加泄露捡钱机密的可能性。因为更多的人知道这件事，就会有更多的人会察觉这事件。

至于第三条，严格说起来，并非最好的对策，但是自己拖延时日，不能立即交给警察人员，也只好硬着头皮，坦诚承认自己捡到一百美元。由于不知道失主是谁，所以还放在口袋里，如今找到原主，自己也松了一口气，总算解决了一个难题。

4.不与自己妥协才能知所悔改

成功的人，必须坚决不与自己妥协。

许多失败者，都是因为对事拖延迟误，不能迅速想出化解的办法，以致很多宝贵的机会，都在他左思右想，东考虑、西猜测的时候，平白消失掉。

不错，凡事应该三思而行，不可唐突、鲁莽。但是三思而后行，绝对不是拖延时日，或者自我妥协。成功的人，必须迅速想出答案，并且坚决不与自己妥协。

当我们遭遇难题，拼命反复思考，却苦无良策时，最好的办法，是暂时停止思考，让脑筋休息一下。有时头脑思索久了，会呈现硬化状态，经过休息调整之后，就逐渐恢复敏锐的反应，来应付艰深的推理思考。

每件事情都苦思不得答案，显然缺乏思考力。这时可以练习禅定，用坐禅来增进自己的思考力。

请看盲人，他们因为眼睛看不见，所以能够集中精神，看到一般人所看不到的东西。我们明眼人，由于分心而看不到许多事物。现在我们试着把眼睛闭起来，全身放松，然后把问题的影像，填入自己的脑海里，想象自己获得合理的解答，来帮助我们找到良好的答案。

经由禅定而来的思考力，多半是一种直觉，属于无意识的判断。不过，直觉可以经由经验的累积，来自我训练。平日收集各种资讯，存放在脑海中，一旦遭遇问题，马上直觉判断，比较容易及时加以处置。

然而，人最大的难题，在于不能够理智地面对自己，却经常感性地与自己妥协。

中国人主张“严以待己，宽以待人”，并没有苛求自己的意味。因为人会宽容自己，原谅自己。要求严以待己，也不过达到合理的境地。人会苛求别人，折磨别人，要求宽以待人，充其量也是合理而已。

人当然应该原谅自己，否则跟自己过不去，也没有什么好处。但是，我们可以原谅自己的过失，却实在不应该纵容自己随便找理由搪塞。更加不要使自己变成理由专家，放纵自己。

原谅自己的过失，是因为过失既然发生，自怨自责也无济于事。不如原谅自己的过失，却牢牢记住所带来的教训，要求自己彻底改过迁善。

要达到这种地步，就不能接受自己所编造的理由。特别是我们中国人，由于历史悠久，典故丰富，信手拈来一些资料，当作借口，更是易如反掌。

中国人是理由专家，喜欢找理由下台阶。如果完全是为了顾全面子，嘴巴上说一些理由，心里头知道自己不对，那还比较可行。最怕的是，原来想骗别人的，结果骗了自己。编造出来的理由，别人为了面子宽恕了我们，我们竟然认为这些编造出来的理由是真的，以致自己深信不疑，于是原谅自己的过失，同时接受自己的理由。这种妥协的结果，往往造成下一次同样的过错。累犯的形成，多半是不当理由多次妥协的恶果。

自我妥协很容易导致“尽量主义”，意思是我会尽量改过，尽量使自己不再如此。

尽量主义使自己失去严格的控制。反正我会尽量，至于达到什么程度，自己并没有把握，好像也没有责任。

不妥协的人，对自己的过失，抱着“只此一次，绝无下回”的决心，不宽容自己发生第二次同样的过失，也不原谅自己胡乱编造理由，或者用理由骗别人却连自己也一起骗。

彻底断根，必先知道自己所犯的过失，以及造成的原因。所以犯过之后，要好好检讨，究竟是什么原因造成的。找到真正的原因，毫不保留地向自己招认，下决心永不再犯，这才是不妥协的改造精神。

至于要不要公开承认，或者向哪些人招认，我们持保留的态度，意思是不一定需要如此。

5.过失的根本原因在不良习惯

良好的习惯会使成功早日到来。

当我们找寻过失的根本原因时，往往发觉是不良习惯在作祟。

广义的不良习惯，包括不正当的观念和不正当的行为。观念和行为，常常互相影响。有时先获得不正当的观念，才形成不正当的行为；有时刚好相反，先产生不正当的行为，然后才形成不正当的观念。

特别是现代多元化社会，各种言论纷纷出笼，什么行为似乎都能够找到适当的辩护。

自从电视上出现“只要我喜欢，有什么不可以”之后，孩童经常以此为借口，抗拒父母的纠正。今天的父母，也大都可怜得不敢理直气壮地教训孩童，以免违背爱的教育原则。不料因此找到不管、不教的借口，乐得不操心。害生于恩的恶果，表现在今天的孩童愈穿愈漂亮，人却愈长愈丑，天真而不可爱！

只要我喜欢，很快就养成许多不正当行为；有什么不可以，更产生诸多不正当的观念。长大了要改正这么多的观念和行为，实在十分困难。难怪有人自暴自弃，宁愿一辈子错就错到底，期望错久了可能变成对。若干人甚至自暴自弃到不承认自己自暴自弃，所谓“亲者痛，仇者快”，莫甚于此。

三十六岁就要成功，首先应该肯定自己的时间宝贵，没有时间可以浪费在“试试看，不对再改”，而是必须“在最短的时间内，做好正当的事”。

希望在最短的时间内，做好正当的事，最有效的办法，便是“第一次做，就要做得正确”，也就是“凡事一起头，便要养成好习惯”。

某君在大学修木工，遇着一位好教授。他严格规定：凡是老师没有教过的工具，一律不准自行使用。

理由十分清楚：第一印象相当重要。第一次使用工具，如果用错了，想要改正过来，非常困难。不如第一次使用之前，先弄清它的正确用途，学会它的正确使用方法，然后第一次使用，就学好正确的姿势和方法。

我们观察一般木匠，使用工具经常发生错误。主要原因，便是“虽然知道这样做是不对的，但是多年来已经养成习惯，实在改不过来”。再追根究底，真正的病源仍在“第一次就做错了”，并养成了坏习惯。

坏习惯经常是不求甚解的恶果。

中国人很聪明，任何事情，似乎一看就会，一听便懂，因而养成不求甚解的恶习，坏习惯好像特别多。

我们最好养成多看、多听、多想、少说的习惯，以免由于喜欢多说，影响了多看、多听和多想。尽管有人担心少说也会带来一些不良的后果，但是比较起来，多说的后果，实在比少说严重太多了。

人都有相当的表现欲，鼓励多说，就会形成“对也说，不对也说”“懂也说，不懂也要说”，甚至“只要有机会，便抓住麦克风不放手”，以致“管他听不听，反正我就是要说”，弄得整个社会，吵闹不停，而很少有人明白究竟在吵些什么。

少说绝对不是不说，先多看、多听、多想，对的才说，真正懂的才说，自己要说也应该让别人同样有机会说，并且进而养成“让给比自己更合适的人来说”的好习惯，不断地扩大自己的视野，充实自己的本领。

三十六岁就要成功，不但要养成自己这一代的好习惯，而且要将上一代的好习惯，发扬光大。不但要革除自己这一代的坏习惯，而且要以上一代的坏习惯为借镜，及早加以避免。

成功的人，兼具两代人的优点，去除两代人的缺点。仅仅具有这一代人的优点，不足以领先；仅仅去除上一代人的缺点，也不能保证必然胜利。

6.不良习惯要从今起连根拔掉

对外来的影响，要善自选择。

一般而言，我们很容易受到上一代人的影响，不是盲目跟着他们，便是盲目地反抗，一定不跟着他们。这两种态度，不论是顺从还是抗拒，都不适当。

最好的方式，是学习上一代的良好习惯，同时抗拒上一代的不良习惯。例如父亲勤劳、负责，母亲任劳、任怨，我们当然应该学习；父亲抽烟、酗酒，母亲爱买便宜货，我们大可不必跟着养成同样的习惯。

上下两代之间，由于环境的变迁，往往产生不同的习惯。例如上一代多半具有强烈的责任感、刻苦耐劳，在金钱方面精打细算；下一代人则大多缺乏强烈的责任感、逐渐好逸恶劳，在用钱方面也常粗心大意。这种现象，正是“富不过三代”的最好表征。成功的人，必须明察同一代人的优劣点，发扬优点而且避免缺点，才能够在同辈之中，脱颖而出。

幸运的儿童，便是父母能明智地指出自己的优劣点，辅导其学习自己的优点而去除缺点。

但是，事实证明：能够对自己的缺点有清楚认识的人，并不多。能够坦承自己的缺点，并且辅导子女不要跟着走的人，更少。

有些人明明知道自己的缺点，却始终不愿承认。特别是在自己的子女面前，更不肯坦白说出来。

幸运遇到父母冷静、客观地分析自己的优劣，偏偏子女又不一定肯听、肯信，以致好习惯学不到，坏习惯倒变本加厉地传承下去。

子女的幸运，决定在父母能不能及早分析自己的优劣，同时子女能不能体会父母的用意，学习优点而避免缺点重现。

每个人都有缺点，刻意隐瞒，不过是自欺欺人的行为。对父母这一代没有好处，对子女这一代却有很大的害处。若是坦白说出来，努力去克服，人类就有可能一代比一代更好。

明白上一代人的优点，努力学习；了解上一代人的缺点，极力避免。这样以上一代人的经验，作为自己的明镜，可以改掉很多不良的习惯。

稍长后，注意聆听上一代人对自己这一代人的若干批评，不难发现这一代人的共同优劣点。

多数人不喜欢上一代人的观点，也不重视他们的批评。我们若能虚心接纳，加上客观的评估，找出这一代人共同的优劣点，分别予以发扬或革除，必然超越同侪，成为这一代人的优胜者。能否革除坏习惯，完全操之在我。

从这个角度来看，命运的好歹，其实就是“能不能发现父母的优点，加以发扬光大；能不能明白自己的缺点，努力改善”。

命运操之在我，意思是我可以察觉自己的缺点，并且逐一加以改善。革除不良习惯，命运就会趋向顺吉；保留不良习惯，命运自然愈来愈不好。

知道自己的缺点，却希望以后再改，等于好运唾手可得，却懒得把手举起来。

许多人都期待明天再改，哪里知道明天之后，永远还有明天，就这样因循苟且，一直拖延下去，把自己的好运都拖掉了。

今天就开始，命运马上会变好。拿这种积极的态度，来革除不良习惯，才是善待自己的不二途径。

但是，今天有二十四小时，说长不长，说短也不短。今天之中，现在最适宜。要革除不良习惯，就从现在着手。说改就改，一点儿不犹豫，一点儿也不迟延，这正是人类最为可贵的力量。

现在，把自己的不良习惯列出清单，逐一革除。日日新，又日新，就从现在开始。

修炼内功第九步：实践力

九　实践即知即行的成功途径

导读

· 成功的有效途径是什么？
· 什么叫作实践力？
· 为什么有人会害怕成功？
· 怎样克服害怕成功的心理？
· 智慧和知识有什么关系？
· 有计划的实践，包括哪八个阶段？
· 实践时要把握哪五大原则？
· 什么叫作本事？
· 为什么要边实践边修订计划？
· 怎样快快乐乐地成功？

唯有在行动中才能印证成功。

孟子说："劳心者治人，劳力者治于人。"劳心者即知者，劳力者为行者。孟子早就觉察劳心者贵于劳力者，知识比行为更加可贵。

但是，近代生活，很难区分劳心者和劳力者。科学家劳心研究，免不了劳力调查、实验、探险。农夫劳力耕种，也不免要劳心改良品种。

知识的确定，与精神的安定，乃是人类普遍的要求。然而确定或安定，并不能在抽象的理论、主观的想象中获得，必须从实际的行为中求取。唯有在行动中求安定，人类才会进步。孙中山先生指出："人类获得知识的过程，都是从冒险猛进而来。"刚开始"不知而行"，继则"行而后知"，最后"知而后行"。

知道很多成功的法则，却迟迟不去实行，充其量只能获得想象中的成功，无法得到真实的结果。

我们所知道的成功要领，到底有没有效果，必须切身去实行，才能印证。

《尚书》记载的传说，有关武丁所讲的"知之匪艰，行之唯艰"，把中国人害惨了。大家听到这两句话，总以为知道一件事情很容易，而做起来实在十分困难，因而强调事非经过不知难。

知易行难的心理障碍，使得中国人普遍怕"行"。一般人重视劳心而轻视劳力，读书人则动口议论却不能动手操作。社会上多的是百无一用的寄生虫，科学界缺乏真正格物实验的精神。

其实，传说并没有说什么"知之匪艰，行之唯艰"。他当年所说的话，乃是"非知之艰，行之唯艰"。意思是劝告武丁重视笃实践履，想不到后人为了上下两句的对称，调动一下次序，改成"知之匪艰，行之唯艰"，这才弄成大误解，产生"多做多错，少做少错"的错误心理，以致国势衰弱，民生凋敝。

现代人由于孙中山先生的倡导，逐渐体会知难行易的重要性。明白"能知必能行，不知亦能行，行以求知"的道理，深信力行一定成功。但却无法完全摆脱往昔“知之匪艰，行之唯艰”的错误解释，迄今多多少少仍有“知之匪艰，行之唯艰”的错觉，使实践的力量，未能发挥到理想的境界。

真正了解实践的精神，掌握力行的道理，则任何奇迹，都能够创造出来。实践力无疑是成功的可靠途径。循着即知即行的道路，必能获得成功。

实践的要领，分述如下：

1. 一步一步走出成功的道路。

2. 知之为知之而不知为不知。

3. 有计划的实践能确保成功。

4. 要有完成大志的真实本领。

5. 边做边修订计划比较可靠。

6. 成功要靠经年累月的努力。

1.一步一步走出成功的道路

不要害怕成功。

人一方面盼望成功，一方面却又害怕成功！

旅美学人邱连煌先生指出："人的情绪反应很复杂，既怕失败，又怕成功，真是患'得'患'失'！"

他举例说："有人从事某桩事情，总是不愿全力以赴，拿出百分之百的精神精力去干，结果自然降低了成就水准，表现得差人一截。眼见成功的荣誉落在他人的手上时，又后悔莫及，捶胸痛骂自己不中用、没志气。不然，就是酸溜溜的如此嘀咕着：'这有啥了不起，假使我像他那么用功，一天到晚只顾抱着书猛啃，我也会有像他一样出色的成绩。'既然成功的果实尝不到，在口头上否定它的价值，似乎会使人心里好过些。这种'不为也非不能也'的现象，主要原因可能是怕成功心理在作祟。我们若对成功的后果抱着不安的态度，前进的脚步便会不知不觉地滞缓下来，锐气大减，冲劲儿消失。"

人为什么怕成功呢？

邱先生认为有三大原因，分述如下：

第一，担心成功会增加自己的心理负荷。

做某事获得成功，不啻为自己的行为表现树立了标准，开了先例，成为众人瞩目的对象。从今以后，就必须时时以成功为念，硬是被逼着去维持既已建立的高水准，好像鼻子被人牵着走似的，从此身不由己。持续维持高水准，这要花多少心血啊！令人想到就怕，所以干脆不要成功。

第二，害怕成功会带给自己更大的责任。

能者多劳的观念，使我们意识到成功的人，不得不照顾不成功的人。有能力的人必须要帮助无能力的人，那么成功的人，背上等于平添一个大包袱，沉甸甸好不累人。有人戏称“成功即是成工”，简直成了“工人”。有人故意少赚钱，以免钱赚多了就得挑起奉养双亲的责任，否则难免心生内疚。于是为了逃避责任，宁可不成功。

第三，唯恐自己愈成功，就愈抵触社会的习俗。

男人从事女人的工作，不敢做得太好，以免引起不良的议论。女人从事男人的工作，也不敢表现得太杰出，否则会引起更强烈的反感。当个人所扮演的角色与传统上社会所认可的角色相抵触时，怕成功的心理，往往更加剧烈。

成功需要一步一步，怀着无比的毅力去完成。如果心里害怕成功，就会犹疑不前，不愿意拿出全副精神去实践。于是，明明能够成功的人，也因为害怕成功而失去成功的可能。

邱先生提醒我们：“要时时自省与警惕，是否具有怕成功的心理，横梗着我们的前程，阻碍着我们的去路。假使有，我们就该当机立断，勇敢地一脚踢开这块绊脚石，满怀信心地步入成功之途！”

怎样一脚踢开“怕成功”的绊脚石呢？有三个要点，说明如下：

首先，一件事情做得成功，不见得就要样样事情都应该成功。

人大概有长处也有短处，很难要求十全十美。只要发挥自己的长处，在某些方面获得成功，并不需要由于某些方面的成功，便进而要求自己在各方面都成功。同理，成功之后，也不必时时以成功为念，以免增加自己心理上的负担。

其次，才养不才，有能力的人应该照顾没有能力的人。

能者多劳，乃是一种荣誉，并非完全是自讨苦吃的责任。自动发挥自己的能力，就会轻松愉快。被动地居于自找麻烦的心态，愈多做愈觉得自己是个大傻瓜，于是疲惫、苦恼、忧郁，就逼得自己透不过气来。

最后，当今民主社会，应男女平等。

在教育上，大家一样有机会；在职业上，彼此也可一较长短。男人女人，心理上都不必过分计较以往对性别的束缚，放手去做即可。

2.知之为知之而不知为不知

智慧通过知识，才有影响力。

不害怕失败，一步一步走上成功的大道，最要紧的便是秉持知之为知之，不知为不知的态度。

“知”这个字，包含智慧和知识。智慧固然重要，知识更加要紧。因为成功贵在实践，而智慧的效果，必须通过知识，才能发挥其影响力。

第四章谈到学识要灵活运用时，曾经说过陈大齐先生所举的例子：“一个智慧高超的人，未学得有关机械的知识，不能制作机械，亦不能修理机械。一个智慧高超的人，未学得有关会计的知识，不能从事审计，亦不能处理帐目。所以对于效果，智慧只能有间接的影响。智慧加上学习，产生了知识，才能产生直接的影响。”

“小时了了，大未必佳”的原因，多半指自以为聪明的人，喜欢依凭天才，而忽视对知识的追求。以致智慧虽高，却缺乏知识，因而不能成功。

知识为什么重要呢？陈大齐先生分析说：“要把事情处理得合理中肯，第一步须先认识对象的性质及其所处的环境。对象的性质不明，无从着手处理，盲目处置，不能有收到良好效果的把握。对象的性质认识清楚了，又须观察对象所处的环境。因为同性质的对象，若其所处环境不同，处理方法就不能不有所改变。认清对象的性质及其所处的环境，都是知的作用，都有赖于知识的指导。

“第二步，要设想各种可资采取的处理方法，且须设想周到，务期无所遗漏。各种可资采取的方法都想到了，更须就诸种方法预测其可能引致的后果，并就各种后果比较其得失，然后择取其中可能收效最大的，定为处理方法。必须经过这样的努力，然后处理事情才能中肯。这一阶段所含有的设想、预测、比较、选择，又无一不是知的作用，无一不依靠知识的指导。”

成功的基础，在清楚的洞识力。洞识力的发挥，表现在处理事务合理中肯。而处理事务合理中肯，则有赖于知识。要实践有效，必须增广自己的见识，扩充自己的知识。知识是实践力正确有效的保障，也是实践力的源头，为实践力之所出。

正确的知识，才能帮助成功。

陈大齐先生继续指出：“知识必须正确。”正知和邪知，应该明辨。必须以真切知道的为知道，以不真切知道的为不知道，才是真知。

“知之为知之”好像比较容易，“不知为不知”似乎相当困难。因为一般人多喜欢认为自己知之，却很不愿意承认自己不知。

既然“以知为荣，以不知为耻”，就会勉强把不知当作知，因而误人误己。

其实，知有正知也有邪知。真切了解，而且有事实根据，属于正知。一个人正知愈多，愈能了解问题，并进而分析、研究、比较，来化解问题。以正知为荣，应该是正确的态度。所知不够真切，而且缺乏事实根据，便胡说乱道，势必误人。以邪知为荣，是不正确的。

陈先生研究“知道得不甚真切而自以为知”，有两个主要来源：一为自己的想象，一为他人不负责任的传述。想象的知，不能保证必然合乎事实的真相，不是正知。他人不负责任的传述，不管是出自传述者自己的想象，或者是传自第三者的谈论，大都是不合事实的真相，更不是正知。一般人喜欢凭想象，又喜欢道听途说，所以到处都有邪知，必须注意过滤，才能做到“知之为知之”。

成功的人，应该拿事实做依据，以经验为方法，不要随便猜测，也不要不经证实就胡乱相信。因为“知”是“行”的根据，一个人认真实践，如果所依据的是错误的知识，就会导致不良的结果。一个人认真实践，必须依据正确的知识，才能够获得良好的效果。

3.有计划的实践能确保成功

有计划的实践包括八个阶段。

我们说拿事实做依据，以经验为方法。意思是正确地吸收新知，以他人既有的成就，当成自己前进的踏脚石。善用别人的经验，为自己的成功铺路。唯有踩在巨人的肩膀上，才能事半功倍地爬得更高、更快。

很多人喜爱阅读成功人物的传记，便是他们的经验，有许多可以借镜的地方，减少自己的尝试错误。

可见从自己或他人的经验，找出若干成功的事实，作为自己计划的依据。再从实践经验中，记取挫折、缺失的教训，反过来修正自己的计划，重新出发。这样有计划的实践，能够确保自己的成功。

成功的历程，其实就是有计划的实践。包含下述八个阶段：

1. 理想的假定。对自己的人生提出若干梦想。

2. 理想的持续。随时随地将自己的梦想放在脑海中。

3. 类推的思考。在日常生活中，发现和自己的梦想有关联的资讯，就要加以注意和搜集。

4. 深入的探讨。多方搜集有关资讯，还要深入地加以分析、比较和归纳，使自己的梦想更加明确可以实现。

5. 逐步的尝试。一步一步，有计划地尝试。发现缺失或遭受挫折，要逐一记载、检讨。

6. 适度的调整。明白自己的梦想，有哪些缺点、优点之后，经过认真的反省检讨，并且请教可以信赖的长辈或朋友，做出合理的调整，使梦想能更顺利成真。

7. 有恒的实践。以不折不挠的态度，有恒心地实践自己的梦想。

8. 阶段的适应。梦想实现，知道自我调适，在美梦成真之后，能够生活得十分愉快。否则成功之日，才发现盛名之累，多财之祸，恐怕会更加不愉快。

这八个阶段，无不包含计划和实践。理想的假定，固然偏重于计划，而丝毫不实践，根本不可能假定自己的理想。理想的持续，类推的思考，深入的探讨，也都需要计划和实践合一。至于逐步的尝试，适度的调整，以及有恒的实践，则是计划中的力行，非实践不可。阶段的适应，说起来也是知行合一的产物。

实践理想要掌握五大原则，分述如下：

第一，弄清楚自己的目标。

第二，看清楚自己的优点和缺点。

第三，进一步发挥优点，彻底检讨缺点，并采取补救的措施。

第四，决定实践的优先顺序，并且立即付诸实行。

第五，时时检讨实践的成果，及时调整补救。

将人生的理想加以假定，例如在工作方面，要达到什么成就。在成家方面，什么时候结婚，找什么样的人做对象，结婚后是不是继续工作，如何养儿育女，在立业方面，要不要自己创业，最喜欢从事哪一种行业。这一连串的思考，逐渐获得具体的答案，便是计划。

有了计划，配合分段达成的时间表，有恒地逐步去实践，即是有计划地付诸实行。

如何实践？思考中的行动，叫作策略；真正的动作，才是策略行动。

譬如王小姐，认为自己在考虑结婚对象时，除了注重对方的人品之外，还要衡量对方的家世、收入及未来发展的潜力。她这种思考的过程，便是策略。从此遇见符合条件的对象，王小姐就不放过任何机会，甚至会努力制造机会，让对方不得不和她谈话。这种为自己制造机会的举动，便是策略行动。

策略加上策略行动，使自己的想法获得具体的成果，这就是成功的历程。

4.要有完成大志的真实本领

有本事才会成功。

西方社会主张“能力本位”，有能力而又尽量发挥，便可以逐步获得成功。

中国人喜欢“有本事的人”，有本事自然会成功，似乎比光有能力，要稳当得多。

什么叫作“本事”？一般说来，所谓本事要具有六大同等重要的内涵，分述如下：

1. 合理的态度。认清自己的见解，未必全对；而他人的意见，也不一定完全错误。凡事抱持“大家好商量”的心态，尽量先听听别人的意见，以集思广益。

中国人主张“在圆满中分是非”，绝对不可以不分是非，也千万不要分到大家都没有面子。既不为求表面的和谐而没是没非，也不盲目相信上级或长辈的是非。每一个人，都应该合理地坚持自己的意见。坚持的程度，与自己的把握成正比。有几分把握，做几分坚持。用结果来证明自己的判断，以合理的坚持来树立自己的信用。

2. 自主的觉醒。不盲目顺从，不做乖乖牌，也不喜欢别人把一切细节都安排得妥妥当当，使自己失去“自做主张”的机会。喜欢自己寻找答案，并且对自己找来的答案负责。

自主的先决条件，乃是“别人放心让我自主”。因此必须充分“自己做好计划，自己切实执行，自己严格评估”，获得他人的信任，才有足够的自主机会。

3. 人际的技巧。与人相处，绝对不可圆滑，却应该圆通。圆滑和圆通从表面上看起来，完全相同，都是推、拖、拉的过程。然而从实际上来省察，完全不同。用推、拖、拉来面对问题，不想化解，也化解不了，叫作圆滑。用推、拖、拉来面对问题，并且合理地加以化解，便是圆通。推、拖、拉一旦成为和稀泥的手段，那就是圆滑，令人厌恶。推、拖、拉如果是在和谐中真正化解问题，便成为众所欢迎的圆通。

4. 专业的知识。受过相当的教育，修习专业的课程，具备初步的专业智能之后，还要时时留意最新的发展，搜集合用的情报，使自己的专业智能，得以赶上时代，永不落伍。

学历是专业智能的基本证明，学力才是不断进步，合乎时代潮流的表现。有了学历之后，必须不断充实，以提升自己的学力。

5. 自我的定位。一个人充分了解自己应尽的责任，而且拥有克尽职责的决心，才能够说到做到，甚至先做后说，或者多做少说，真正用心把工作做好。但是，在动手之前，必须弄清楚自己所处的地位，将自己的上下左右都摸清楚，才不致逾越自己的本分，惹人怀疑与反感。

克尽自己的本分，容易陷入本位主义，必须心目中有他人的存在，拿将心比心做原则，把自己定位在彼此配合的动态中，以获得大家的支持与配合。

6. 合作的心理。中国人并非一盘散沙，有时也能够密切地合作。主要看自己愿不愿意率先伸出合作的双手，而不是一味等待他人首先表现合作的诚意。

大家都等待，合作成为“可遇不可求”。从我开始，他人就会有所回应，因而彼此合作，发挥组织力。

兼顾各方面的能力，才是有本事。

有本事的人，能够以合理的态度来顾全大局，自动自发地自主觉醒，富于有效的人际技巧，具备确保做好工作的专业智能，了解并确守自己的本分，以及愿意自己跨出第一步以求与人合作，可以说拥有完成大志的真实本领。

用真实本领来执行既定的策略，必能产生有效的策略行动，使自己的目标，早日达成。

有决心、有策略，加上有本事，对达成目标，具有挑战力。这样的实践，才是有实力的表现。

5.边做边修订计划比较可靠

观念改变，带来必要的修订。

大家都知道现在是快速变迁的时代，每个人的观念，会不断受到各种层出不穷的事物的影响，而产生变化。

例如“男女平等”的观念，逐渐取代以往的“男尊女卑”。“男主外、女主内”的分工价值观，现在也必须变更为“男女互助合作”。

过去遇见白发苍苍的老人，尊称一声“老伯”或“老先生”，应该是礼貌的表现。但是现在少年白头的情况愈来愈多，而高龄化的社会，究竟几岁才算是老人，也愈来愈不容易界定。贸然称呼“老伯”或“老先生”，可能会引起对方的不愉快。

资讯发达，并且传播迅速之后，专家和业余，好像很难加以区分。有时愈内行愈容易失败，外行人反而比内行人更为内行。

到底是储蓄得多才算富有，还是消费得多才是真正的有钱人？

知道得愈多愈快活，还是知道得愈少愈无忧无虑？

为什么正常的行为，会变成异常？而异常的行为，却又被公认为正常？

诸如此类的变更，主要来自人们观念的改变。在实践的过程中，观念的改变经常带来行动的变化，通常最容易发生的结果，便是修改原先订定的计划。

王君的生涯规划，是考入医学院，毕业后当一位救人的外科医生。

高二那一年，他被学校推选为代表，参加全市作文比赛，获得冠军。领奖的那一天，他十分兴奋地把奖牌和奖金从颁奖先生的手中接过来，一不小心，竟然掉落在地上。旁边一群男女记者，抢着拍这个镜头，弄得王君既不安又愤怒，不知道这些人为什么要拍摄他的窘状，难道真的要出他的洋相？

从此王君恨透了记者，却不断地发觉记者不但活跃在各种场合，而且善于虚构事实，或者揭露人家的隐私。

于是他变更计划，不考医学院，改填入学志愿为新闻学系。顺利进入之后，这才明白“狗咬人不是新闻，人咬狗才是新闻”，从此一改初衷，专门以快照拍摄他人的窘迫、倒霉，而引以为荣。

一连串的错误观念，使得王君边做边修改，以致“十分有信心”地走上偏道。这样的边做边修订，显然并不理想。

王君的缺失，很明显是由于缺乏正确的辅导。如果能够及时请教，解除心中的疑惑或怨恨，王君就算真的修习新闻，也不可能养成如此恶习。

现代年轻人，有一种普遍的误解，认为年龄的差距，必然产生代沟，而且向长上请教，容易被教训，等于自找没趣。于是转而和同年龄的朋辈商量，形成不懂的请教不懂的，虽然不至于问道于盲，却常常得不到正确的答案。

代沟是人制造出来的东西，自己认为与长上有代沟，它就会明显地存在；自己认为根本没有，它立即消失。养成自动向长上请教的习惯，在边做边修订的过程中，获得正确的指引，才会可靠。

修订计划的基本态度必须确立。

修订的基本态度，应该是先考虑不变，然后才考虑改变。

凡事先想不变，一切照原订计划去实践。如果决定如此，而又意志坚定，那就不必修订。

若是不变不行，甚至认为非变不可。那就自动请教：“在这种情况下，怎样修订才合理？”

一种意见觉得不妥，可以另行请教。听来听去，总可以找到比较合意的答案，于是据以修订，并且从实际行动中考验其合理性，这才是边做边改的有效方式。

6.成功要靠经年累月的努力

从劳苦中找出快乐。

任何事情，计划起来好像比较容易，实践起来却觉得相当困难。因为每一步的完成，都离不开奋斗，总有许多难题必须克服。

常听人说：“我十分辛苦。”很少有人说：“我非常轻松。”人生除了睡觉以外，四肢五官都要动用，一动用就会费力、劳神，所以辛苦是免不掉的。

既然成功是长期的努力，有恒的奋斗，那岂不是永久的辛苦？

这时候我们最好想起梁启超先生的劝告：“苦乐全在主观的心，不在客观的事。”

梁先生主张“会打算盘的人，只有从劳苦中找出快乐来”。他认为“天下第一等苦人，莫过于无业游民，终日闲游浪荡，不知把自己的身心摆在哪里才好，他们的日子真难过”，第二等苦人，“便是厌恶自己本业的人，这件事分明不能不做，却满肚子不愿意做。不愿意做，逃得了吗？到底不能。结果还是皱着眉头，哭丧着脸去做，这不是专门开自己的玩笑吗”？快快乐乐地在岗位上奋斗多好。

怎样从劳苦中找出快乐呢？依据梁先生的经验，可以归纳出下面三种方法：

第一，从过程中寻找乐趣。有些人过分重视结果，一心一意等待良好结果的出现，以致忽略了工作的过程。其实每一件工作，总有许多层累曲折，倘能身入其中，看它变化进展的状态，自然十分亲切有味。

一心等待成功的结果，不如在奋斗的过程中，经年累月地投入自己的层累曲折，并且从刻苦中将快乐的分量逐渐增加。以轻松愉快的心情，努力奋斗。

第二，在竞赛的气氛中获得快感。漫长的奋斗过程中，常常要和一些人竞赛，若是获得胜利，当然有成就的快感。万一落后，也可以同自己的过去相比较。发觉自己是进步了，只是进步得不如别人那么快。于是用心检讨，找出真正的原因，再不断增追，也是一种乐趣。

只要记住：人生原本就是长期的竞赛，今天的落后，并不表示一辈子都要跟在人家的后面。暂时的不如人，唯有切实寻找病根，真正根除，才能迎头赶上，并且后来居上。

第三，专心投入工作即能产生乐趣。有些人不够专心，经常想东想西，结果工作做不好，更加游移不定。如果能够专心投入，把许多游思妄想杜绝了，省却无限烦闷。这样一来，渐渐从工作中领略出趣味，有时真的会“发愤忘食，乐以忘忧”。

中国人所说的专心，实际上和西洋人所主张的有所不同。西方人从小被教一心一用，养成一段时间只能从事一件工作的习惯，他们所说的专心，比较偏向在一段时间内，将心思集中在某一件事情上，从生活上观察，比较缺少兼顾的可能性。

我们自古以来，就重视兼顾。因为中国人喜欢一心多用，养成边做事边玩，边玩边做事的习惯。中国人所说的专心，是指同时可以照顾若干方面，不过在应该集中心思的时候，就必须集中，千万不能涣散。

成功有赖于经年累月的努力，若是一直保持高度的专心，神经绷得太紧，反而不好。

西方人的方式，努力一段时间，再休息一段时间。中国人的方式，努力一小段时间，就放松一小段时间。西方人星期一到星期五专心工作，星期六及星期天专心休闲。中国人每一天，专心工作之中，兼顾片段的休闲。

专心不专心，自己最清楚，不需要做表面，真正对自己负责最要紧。因为经年累月的努力，终究是为了自己，而不是别人。

修炼内功第十步：忍耐力

十　坚毅进取还要十分忍耐才能成功

导读

· 忍耐为什么能够保证成功？
· 忍耐是不是为了讨好他人？
· 为什么要让好人说好也要让坏人说坏？
· 忍耐对自己有哪些好处？
· 怎样正当地泄愤？
· 要不要压抑自己？
· 为什么要随遇而安？
· 什么叫作见小则大，见大则小？
· 平衡思想有什么特性？
· 为什么要坚持赶上时代？

坚忍是成功的最大保障。

中国民间流传“做人十要”，分别为：一表人才，两套西装，三杯酒量，四圈麻将，五方交游，六出祁山，七术打马，八口吹牛，九分努力，十分忍耐。

一表人才指自己正心诚意，由内而外，让人家获得良好的印象；两套西装指穿着衣物要配合身份及场所，务求得宜；三杯酒量指社交场合，饮酒适量以维礼节；四圈麻将指培养若干技艺或参加某些活动，以期拓展社交。赌博性交际消遣已不合时代，应予革除；五方交游指交友不必局限于特定范围，以增广见闻；六出祁山指遭遇困难要不折不挠，并且愈挫愈勇，全力以赴；七术打马指适当的尊重长上，实在有其必要。最好以正道来博得上级的赏识；八口吹牛指人不免自我吹嘘，只要不过分，当属人之常情；九分努力指纵然资质再高、背景再好、机会再多，如果自己不努力，也不可能成功；十分忍耐指一切修养，都赶不上忍耐重要。若是不能忍耐，以上九项修养，都将枉费心力。

成功的因素，百分之九十九属于性情态度，包括爱、欢愉、乐观、信仰、坚定、镇静、信心、勇气、想象力、主动、容忍、诚实、谦让、热心和坚忍。这一些要素，以坚忍为成功的最大保障。因为成功者无不勇往直前，不怕失败，不颓丧，不甘心让眼前的挫折影响长期的目标。为了超越艰难的挑战，必须坚毅进取，十分忍耐。

现代人生活在一片求好、求快的呼声中，几乎忽略了忍耐的美德。有些人遇到一点儿困难，就不堪忍受；有些人稍有挫折，便伤心气馁；有些人则遭遇失败，就萌生自杀的可怕念头。面对困难和挫折，愈忍耐愈坚强。

其实，完全没有困难，丝毫没有挫折，从来未曾失败，当然求之不得。然而事实上却未能如此，因为人生不如意事，十常八九。人生始终摆脱不了忧虑、恐惧，面对这些威胁，唯有十分忍耐，时刻企求安然度过，人生才有意义，也才有价值。

任何事情，都不可能一蹴而成。必须按部就班，一步一步去做。在过程中，不断会出现变数，造成诸多障碍，产生许多困难。

做一件事，只要认清是好的、对的，就必须忍耐，面对各种变数，化解各种问题，克服各种困难，永恒地奋斗下去。其实无论做什么事，都需要有耐性。虽然事与愿违，也要坚强忍耐，愈挫愈勇，达到预期的目标。

忍耐是一种美德，也是成功的最大保障，兹说明如下：

1. 要让好人说好也要让坏人说坏。

2. 忍耐能够使人的白发变成黑发。

3. 心上一把刀不可求逞一时之快。

4. 随遇而安并不是盲目随波逐流。

5. 见小官大视之见大官则小视之。

6. 不进步就退步要坚持赶上时代。

1.要让好人说好也要让坏人说坏

忍耐并不是为了讨好他人。

有些人反对忍耐，主张有话就要直说。他们认为中国人长久以来，一直忍耐，弄得人间没有是非，社会缺乏公理。似乎大家忍耐，就必然带来和稀泥的不良结局。

其实，任何人仔细想想，都不难发现：我们从忍耐获得的好处，比有话直说还要多。

忍耐的目的，如果放在让大家说好，存心讨好所有的人。那么忍耐的结果，便会变成不明是非，不分好歹。忍耐的目的，若是摆在让好人说好，也让坏人说坏，就不可能糊里糊涂地变成大家厌恶的乡愿。

社会上有好人，必定也有坏人。好人说我们好，我们未必好；坏人说我们坏，我们也未必坏。必须好人说我们好，而坏人也指责我们坏，这才是真正的好人。

担任警官的人，如果老百姓说他好，而地痞流氓也称赞他好。请问：这样的警官可能好吗？

税务人员，逃漏税的人骂他不好，而奉公守法的民众也骂他不好。请问：这样的税务人员，我们会认为他好吗？

好警官，必须善良老百姓称赞他，地痞流氓咒骂他，才是好警官。

好税务人员，应该是逃漏税的人讨厌他，而奉公守法的人称赞他，才算是良好的税务人员。

一个人的所作所为，看在别人眼里，产生不同的评价。因为各人立场不同，所以看法也不一致。

我们的所言所行，既然无法获取大家一致的看法，势必舍弃坏人而重视好人的评价。虽不介意坏人的抨击，却需要好人的肯定。

问题是：究竟谁是好人，谁又是坏人，实在很难界定。最糟糕的现象，莫过于把好人当坏人，而又将坏人看成好人。

好人、坏人并没有明显的标志，事实上好人、坏人也不能一分为二，划分得清清楚楚。同一个人，在某些方面评定起来，是好人；从另外某些方面看来，却是不折不扣的坏人。

正因为如此，我们凡事必须忍耐。自己的看法不一定全对，别人的观点未必全然是错的。和我们具有相同论调的人，不一定就是好人；和我们有不同意见的人，也不见得必然是坏人。不忍耐很难看出谁是好人、坏人。

缺乏忍耐的修养，经常把与自己意见相同的人，以及没有声音的人，当作好人，同时把和自己意见相左的人，以及喜欢标新立异的人，看成坏人。这种评量标准，常常冤枉好人，却无意中亲近了坏人。

成功的人，必须十分忍耐，先不把对方界定为好人或坏人，冷静地研判对方的态度，做出合理的回应。

对方愈容易发怒，我们愈应该镇定温和，装得好像置身事外一般。有经验的成功人物，经常把握“对方发脾气，就觉得自己胜利在握”的原则，因而从容不迫，有条有理地给予对方无懈可击的回应，使其口服心服。

遇到不容易发脾气的人，我们更不可以轻易发怒。因为对方如此镇定，而我们大发脾气，势将遭遇无法挽回的难堪，等于自讨苦吃。

还有一些狡猾的人，故意激怒我们。我们一旦大发脾气，无异自投罗网，成为对方的猎物。

当然，忍耐并不代表完全不发脾气。心理学研究，愤怒实际上也是人类性格中一种极有价值的特质。适当的愤怒，可能带来许多好处。有人一怒辞官，终于开创出一番大事业。岳飞怒发冲冠，令后世永志不忘。可见忍耐不是不发脾气，而是不乱发脾气。正确的意思，应该是先弄清楚对方究竟是好人还是坏人，然后对好人客气，对坏人不客气，甚至发脾气。

2.忍耐能够使人的白发变成黑发

忍耐对自己有很多好处。

从小就时常听母亲说："忍耐能够使人的白发变成黑发。"长大后才了解：原来忍耐可以减少很多烦恼，使人老得慢些。

愤怒的时候，大声叱骂、拉头发、撕衣裳、摔椅子，无论哪一种表达方式，最后必定伤害了自己。

对方不能忍受，可能拔刀相向，可能揍我们一顿，也可能更凶狠地反骂我们。请问：遇到这样的人，我们怎么办？进一步攻击他，可能打不过；吓得发呆，或者赶紧道歉，岂不是更令自己难堪？

对方能够忍受，冷静地等候我们发过脾气，再提出合理的解释。我们愈听愈觉得自己乱发脾气，又该怎么办？恼羞成怒，等于不讲理。反过来自己低声下气，会不会后悔刚才为什么那样鲁莽？

不论对方能否忍受，也不管对方有没有道理，自己发脾气的时候，血压升高，肝脏受到伤害，已经是自己整自己了。

成功的人，必须维持喜、怒、哀、乐的平衡。凡是喜怒变化得特别激烈的，遇着一点儿小事情就容易流泪，或者突然动怒，显示出肝脏的气力低落。依据中医的研究，情感的表现如果过于激烈，喜伤肾脏，怒伤肝脏，忧伤心脏，悲伤肺脏，笑伤关节，恐惧伤脾脏，惊吓伤胃肠。可见，情感的诸多表现都会造成重大的影响，也会在身体的相应部位产生疾病。

善用正确的泄愤方法。

愤怒发而中节，才是正当的处理方式。完全压抑在心里，也会造成伤害。下面有几种泄愤的方法，可供参考：

1. 把怒气发泄在无关紧要的小事上，养成处理大事镇定冷静的忍耐力。

对于某些微不足道的小事情，如果有不愉快的感觉，不妨尽量发泄自己的怒气，直到心境完全恢复舒泰为止。这样不会把小小的不愉快压抑在自己的心里，以免愈积愈多，一旦遇着大事情，反而忍不住爆发出来，失去自制。

怒气发泄后，马上把心情宽松下来。已经发过了脾气，就要把它忘掉，不要记在心上。否则发是发了，仍旧累积在自己心中，依然是一颗不定时炸弹，十分可怕。

2. 大事小事很不容易区分，不如把怒气宣泄在书信上，只要写好之后，暂时不要寄出，就会怒气全消。

当今民主时代，小事可能变成大事。为了谨慎起见，遇着胸中愤怒时，找个比较安静的地方，坐下来把自己满腹的牢骚写在信上。要怎么骂就怎么骂，想怎样发脾气便照实写在信纸上面。写完之后，人会像放了气的皮球，轻松得多。这时候把信收藏好，告诉自己过两天才寄出。两天以后，再翻开来看，自己都会觉得可笑，撕掉算了。如果仍旧要寄，就应该仔细衡量一下后果如何。

多半的结果，都是用火把信烧掉。一方面烧掉愤怒，一方面也烧掉秘密。

3. 觉得愤怒时，赶紧找借口跑出去，换一个场所，让自己冷静下来，解除愤怒的情绪。

有些人马上回到自己的房间，静静地听一曲自己心爱的音乐，看一看自己欣赏的字画或古董。有些人跑到野外，深呼吸，散散步，与大自然合一。有些人走进弹珠房，打打弹球，或者干脆摔摔它。有些人玩电脑，也有些人打乒乓球，借着环境的转换来改变自己的心情，直到心旷神怡为止。

当别人大发雷霆时，我们最好利用机会，观察他因兴奋过度所显现的种种弱点。这种印象，不但有助于自己保持冷静沉着的态度，而且能够针对他的弱点，一一加以有力地反击。

忍耐对自己的身心健康，都有相当的好处。忍耐对于事情的进展，目标的达成，也有很大的助益。

3.心上一把刀不可求逞一时之快

忍耐并不是压抑自己。

有一次，当作者说完一大堆忍耐的益处之后，某些年轻人跑来告诉我："忍耐当然有好处，可是我自己十分忍耐，别人却老是嫌我不够忍耐，这怎么办？"

不错，忍耐的限度，各人并不一致。现代年轻人吃苦比较少，更不容易体会到底什么样子才叫作忍耐。

"忍"字，心上一把刀，凡是觉得自己的心上，像插着一把刀那般难过，还要不发脾气，才叫作忍耐。

忍气吞声如果是为了讨好他人，博取对自己有利的好处，就显得有损自己的人格，并不高尚。

若是为了追求合理，而唯恐自己有不合理的判断，纵然觉得对方没有道理，却能够首先忍气吞声，以冷静的态度来衡情论理。这种忍耐，不但不软弱，而且对自己十分有利。

有些人追求痛快，甚至逞一时之快，结果弄得自己下不了台，或者蒙受更大的难堪。由于一时的痛快，换来长期的苦恼，显然不是明智的选择。

我们主张"慢快"，亦即慢慢得到长期的快乐。长痛不如短痛，痛快不如慢快。快而不痛，才是真快乐。

心上插着一把刀，当然要设法拔掉，才能减除痛苦。所以忍耐并不是压抑自己，勉强忍受。因为长期压抑，势必导致身心的疾病，反而有害。最好的办法，就是找出一种对自己适当有效的泄怒方法，以资排解或转换。

中国人喜欢说"吃亏就是占便宜"，对于忍耐或者不忍耐的人，都有很好的警惕作用。

两个人愤怒地大吵一场，赢的人仔细想想：自己实际上收获了什么，又损失了什么？输的人也仔细想想：自己到底得到了什么，又丢掉了什么？

认真盘算之后，可能会惊讶地发现很多时候输掉的比赢得的更多，而且赢的反而代表失败，输的反而代表成功，真是胜负难分。

看远一些，看大一些，比较容易忍耐。

假使我们把眼光放大一些，看远一点儿，不要把所有鸡毛蒜皮的事情，都看成大事，也不要将眼睛局限在眼前的一些小事，我们就会在情况发生的时候，先衡量一下情势，当自己要发脾气时，先考虑一下后果，大概许多怒气会因而消失，用不着压抑，也不会有痛苦的感觉。

严格说起来，中国人属于阴阳家。我们都明白“有阴就有阳”的道理，对于明得暗失或明失暗得，具有良好的洞察力，如果明的吃亏，就是暗的占便宜，哪还有什么理由，一定要大发脾气呢？

我们常常觉得，对中国人而言，宁可和他打架，也不要骂他。和他打架，我们因为没有太大的把握，所以轻易不敢动手，可以减少许多动粗的可能。何况“不打不相识”，有时打出交情来，又是一番新的气象。打架很快就过去了，只要不动武，仅肢体碰撞，打架的人经常变成好朋友。听说我们的立法委员公开场合打架打得很凶，私底下却结成好伙伴，便是最好的例证。

最好不要骂他，因为中国人普遍报复心很强，报复期很长。你打他，他不一定敢打你；你骂他，他一定常常骂你。再说，中国人还有一种十分奇怪的心理：就算我做错了，你凭什么骂我？

骂中国人，等于自讨苦吃。你骂他一句，他偷偷骂你十句；你骂他一年，他绝不忘记骂你十年，何必找这种麻烦？

最好不打架，也不吵架。这就需要十分的忍耐。忍到心中像有一把刀插在那里，仍然不会发火，实在很不容易。我们常常彼此劝解：“看开一些。”意思便是要计较，根本计较不完。看开、看淡，反而轻松愉快。

4.随遇而安并不是盲目随波逐流

让自己随时随地都觉得十分幸福。

看开绝对不是看破。一个人若是看破一切，就会失去成功的动力，亦即无法获得成功。

日本的矢矧晴一郎倡导“瞬间幸福”的观念，意思是每一瞬间都觉得很幸福。

他举例说：“早晨起床时，对着自己说‘又是一个新的开始，好运将降临在我身上，今天充满生机，好幸福’！中午时分，‘我给自己一个最美好的上午，没有不满、牢骚’！到了睡前，‘今天一整天都很努力工作，明天继续加油吧’！”

这种时时全力以赴，随时拥有幸福的感受，其实就是看得开的最佳注解。

有人问作者早晨醒来的第一件事做什么？

一个人清早醒过来，举手看腕上的手表，差十分六点。再闭目静躺，一会儿又抬起手来：差三分六点。然后闭起眼睛，静待六点整以便一跃而起。这种人像不像十足的机器人？

生活当然要规律化，但是早十分钟或晚十分钟起床，到底有什么不同？

想一想，昨天晚上我们是怎么入睡的？先把眼睛闭起来，然后五脏六腑逐渐安静下来，睡着了。

早晨醒来，应该和昨天晚上相反：先醒心，后醒目。有了醒意，把五脏六腑逐一唤醒，轻微运作，然后才睁开眼睛，看看清晨的美景。

要不要一跃而起？千万不要。那样子得心脏病的几率会加大，对自己的健康十分不利。

眼睛张开来，第一件事最好是谢天谢地。谢什么？感谢老天爷，昨天晚上居然没有死掉！

像现在这种环境，空气污染，水污染，食物添加毒素，昨天晚上随时可能毒发身亡。今晨醒过来，还活着，当然值得感谢。

就凭着这一点儿感谢的心，一早起来就充满了喜悦。好好把握这新的一天，这多得的一天，这难得的一天。

这种生活态度，便是看得开！

培养看得开的生活态度。

清晨感谢，整天喜悦。拿这样的心情，来面对一整天可能产生的问题，会比较轻松愉快，也会充分忍耐。

喜悦的心情，帮助我们从积极面、从光明面来看问题。喜悦的态度，带动周遭的亲人、同事、朋友，让大家都接受感染，相对地喜悦起来。

看见什么都会喜欢，任何情境都很高兴，自然可以随遇而安。一个人随遇而安，表面上看起来好像毫无主见，似乎是盲目随波逐流。其实随遇而安和随波逐流表面相似，实质却大不相同。

有原则，能够体谅他人，但是不折不挠，仍旧要设法达成自己的目标，这种以忍耐的心情来扭转不利的情境，叫作随遇而安。这种人无论身处何种情境，都能安下心来，却不会忘记原来的目标，抛弃既定的原则。

根本缺乏原则，一味因应外在的环境。为了生存，可以放弃自己的主张，叫作随波逐流。

随波逐流也可能产生胜利者，却绝对不可能成功。因为顺着时势，赢得某些好处，自己想想，却不明白这是为了什么。

成功的人，应该具备随遇而安的修养，绝对不可以随波逐流。换句话说，识时务固然重要，择善固执也十分要紧。不择手段地顺时势，可能获得利益，却很难成功。

忍耐是有原则地因应情境的变化，不乱发脾气地逐步调整到合理的地步。忍耐到失去原则，盲目地随波逐流，那已经不是忍耐，而是无条件投降。

5.见小官大视之见大官则小视之

不要欺弱怕强。

忍耐的具体方法，最要紧的，是见小则大，见大则小。

通常我们最容易发脾气的场所，不是上司的办公室，而是部属的办事处。为什么？心里认为上司比我大，不怕他就好了，还敢跟他发脾气？部属比我小，在他面前展展威风，发发脾气，量他也不敢把我怎么样！

买票时对售票员发脾气，因为看不起他。若是一票难求，抱着求他卖一张给自己的心情，必然十分客气。等到票买到手，遇到时间不对或座位不合意，可能会生气，因为看不起他。票是我花钱买的，凭他小小一个售票员，居然敢刁难，给我坏位置？

作者有一次坐计程车，一路上司机不停地议论政治，好像天下大小事他都懂。作者当时有些懊恼，心想花钱坐车，还要接受疲劳轰炸，实在不值得。可是自己坐在他的车中，惹火了他，自己可能倒霉，只好忍耐，假装听他的牢骚。下车时，关车门之前，大声教训他："你以为什么都懂，对乘客乱发议论，简直是胡闹。"

事后检讨起来，司机固然不应该，自己发脾气也没有道理。如果司机换成自己的上司，我会不会同样地反感？可见自己看不起人的心理，仍然在作祟。

看见比自己职位低微的人，容易发脾气。遇着比自己瘦小的人，常常有欺侮他的念头。不能忍耐，不是因为自己没有忍耐力，而是由于自己存有轻视对方的心理。

若是事先防患于未然，看见比自己职位低的人，就赶快大视他。心里想：他虽然职位低，但是事情是他在办，他如果不好好办，结果还是我吃亏。再想想：人家也是父母生的，不过运气没有我好，我凭什么看不起他？于是发现他办的事，我未必比他内行，因而尊重他的人格，重视他的办事能力，当然不致轻视他，也就不会乱发脾气。

反过来说，遇到比自己大的人，往往害怕得连话也说不出来，徒然显得自己有所畏惧，使对方看不起自己。

这时候见大则小，心里想：他和我一样是两个眼睛一个鼻子，有什么了不起？再想想：他的运气比我好，不见得就会一辈子比我强，实在用不着自卑，更不必怕他。于是情绪稳定，谈话充满自信，使对方不得不刮目相看，相对地尊重我们。

不卑不亢，主要是自己调节得宜。基本的念头，即在你比我大，我会尊重你，但是人生是长期竞赛，有朝一日，我会和你一样，所以不必怕你。这就是在发挥平衡思想。

中国人最擅长“平衡思想”，见大官则小视之，见小官则大视之，以期求得平衡点，拿合理的态度来对待不同身份的人。

同样，遇见比自己成功的人，不必羡慕；遇见不如自己的人，不可骄傲。

简单的事情，必须加以适当的复杂化，才不会“大意失荆州”，造成“阴沟里翻船”的惨剧。复杂的事情，就应该简单化，以免无从下手，根本找不到切入口，造成一拖再拖的不良后果。

容易做的事情，要更加小心；唯做的事情，反而要轻松一些，才能集中心力。

快乐的时候，应该谨防产生不快乐的因素，事先加以适当的防范。实在不快乐的时候，也要想想自己曾经快乐过，并且回想一下当时的快乐情境，以免愈想愈想不开，闹成自杀的恶果。

有了这种平衡思想，凡事不致过与不及，可进可退，比较不容易乱发脾气，忍耐力增强，容易养成忍耐的习惯，获致很大的助益。

6.不进步就退步要坚持赶上时代

不进即退的时代，非进步不可。

现代知识爆炸，各色各样的资讯，使人忙不过来。但是时代进步，自己却停顿下来，很快就会落伍，一下子变得样样都不如人。

不进即退，主要在环境快速变迁，自己不得不加快调整的脚步。

正因为如此，弄得现代人盲目追求资讯，盲目求取进步，反而忙得亡了心，亦即失去了自己的心。

其实，任何智识，若是只存在于人的脑中，不可能产生智慧，也就很难活用。一切智识，必须通过自己的心，才能滋生智慧，获得正当的运用。

用心想，意思是拿自己的良心来判断，看看自己获得的知识，合不合乎自己的良心标准。合用就拿来应用，否则便加以扬弃。

任何人都可以制造言论、知识，这叫作多元化社会。我有自己的选择标准，构成坚强的免疫力。透过自己的独立思考，选择自己所合用的资讯，才能够在多元化社会中，找到真正的自我。

赶上时代，并不是随波逐流。出污泥而不染，便是有目标、有计划地赶上时代。一方面不使自己落伍，一方面不让自己随波逐流。

成功的人，听到什么言论，看到任何资讯，都不会抱持成见，一口气就拒绝掉。

当今社会的崇洋风气，使得很多人盲目接受西方的资讯，而拒绝与自己的祖先、传统交谈，这是他们的损失，因为成见使他们入宝山，即空手而还。

听到任何资讯，应该不排斥，也不接受，抱着学则不固的心态，仔细听一听，看一看，然后再想一想。反正多一样参考，多一样选择，并无大碍。

努力学习，寻找更多的参考答案。

学则不固的意思是学习的目的，只在增加一种可供参考的答案，将来选择的时候，多一样可以代替的方案。千万不可以一听就相信，一看便记得牢牢地。一下子便固执下来，对自己的独立思考和良心判断，实在交代不过去。

学习的时候，多看、多听、多问，不必马上把答案固定下去，这才是正确的方式。

学则不固并不是永远不固，否则始终拿不定主意，究竟要怎么办？

要用的时候，必须从学则不固所获得的答案当中，以择善固执的态度，慎选其中最合适的，加以应用。这种由学则不固到择善固执的历程，正是独立思考与良心判断的充分发挥。

成功的定义，说起来也就是从学则不固顺利转化为择善固执的历程。成功的方法，各人不同；成功的滋味，也各有差异。然而成功的过程，几乎是一致的。凭良心，走正途，不断努力，奋斗不懈。

学则不固，需要充分的忍耐。因为各种论调都有相当的道理，诸样学说都有某些根据，不耐心听，不用心想，哪里分辨得清楚，又哪里听得完整？

择善固执，同样需要充分的耐力。善是什么，实在不容易拿捏。因为耐心、用心、良心常常隐而不现，太多时候等到良心出现，往往悔之晚矣！

求进步，不可忽略良心；学新智识，必须用心过滤。这样的进步，才是循正道而前进；这种智识，才是有益世道人心的好智慧。

成功的因素很多，天分、努力，都不及忍耐力。唯有十分忍耐，天分才会充分发挥，努力才会继续不断。唯有坚毅忍耐，成功才会获得保障。九分努力，还需要十分忍耐，否则功亏一篑，令人惋惜。

结 语

认真检讨自己的阅读心得。

现在，暂时把书合起来，回想一下，自己对成功的认知，究竟有多少体会，又具有多少实力。想好之后，再继续翻开书，看下去。

相信没有人会断定自己完全了解以上十篇所提出的“十项内功”——洞识力、归纳力、包容力、组织力、分析力、感应力、调节力、补救力、实践力、忍耐力的内涵，更不能轻易认定自己在这十方面，究竟修养到什么样的程度。

没有关系。像这一类的书，原本就是随着读者不同的经历与体验，各有不同的认知和感受。

同样一个人，每隔一段时间，翻阅本书，都可能产生不同的观感。白纸印上黑字是死的，自己不断成长，却是活的。活人读死书，结果应该是活的。

信手翻阅两下，就认为自己已具备这十项内功，这是十分危险的信号。有些成功的人，逐渐失去群众，便是因为自己认定成功，也觉得大家接受自己成功的事实，因而自我膨胀，几乎到了神的地步。

一旦变成神，就已经不是人。失去人的味道，怎么可能是成功的人？

这些人在成功的道路上，走得相当顺畅，也深得众人的肯定。然而，曾几何时，成功的人已经变为不成功的神。人不喜欢，恐怕神也不会欢迎，因为他毕竟不是真正的神。不属于神的世界，却要神秘兮兮，谁会喜欢？

仔细阅读，并且逐一自我考察。觉得十项内功要求过高，自己做不到，这时候需要自我心理建设，告诉自己："天下无难事，只怕有心人。"只要自己用心，有什么不可能？如果抱着"人一能之，己十能之"，比人家更加努力，当然做得到。

常常告诉自己："十项内功，我会逐渐具备，并且不断增进实力。有一天，在三十六岁以前，一切都会实现。"

不要否定成功的可能性。

最怕的是：认为自己做不到，便从此罢休，不肯去尝试，也不敢去想象。那就否定了自己成功的可能，对自己十分不利，也非常不公平。

随便翻一翻，看到若干中国人的传统道理，便认为又是老一套，因而觉得不看也罢！这种人最可悲，自己用成见把自己绝缘起来。

电视上偶尔看到一则统计资料，说什么"中学生中喜欢吃西餐的人，比喜欢吃中餐的还要多"。看了之后，心里很替那些中学生抱屈。居然长得这么大，还没有机会吃过好吃的中国菜，或者吃到好吃的中国料理，竟然差劲到品尝不出来的地步。

中国料理世界闻名，而且众所公认。不喜欢吃中餐，不是趋势所然，不是面子问题，也不是节约时间，更不是中餐没落，而是自己无知。

喜欢吃中餐或西餐，纯粹是口味不同，各人有自主的权利，跟别人无关，更不用着别人来批评或指责，因为没有人有这样的权力。

我们既明此理，当然不是针对某人或某些人，而有上述的议论。我们只就事论事，希望提醒看到这则报导的人，有所参考。

有一次，在书店中。两位年轻人站在旁边翻阅书本，其中一位拿起一本有关中国人生哲学的书，介绍给另一位观看。那位年轻的中国人，一看书名，就说："我最讨厌看中国人的伦理道德，还不是那一套。"

誓死不和祖先的智慧打交道，难怪成为典型的数典忘祖，除了寄以无限的同情，夫复何言！

最好的态度，是不信也不不信。没有成见，把十项内功的内涵，仔细思考一下，想想自己应该怎么做。中国人主张“尽信书不如无书”，便是每个人的背景、志趣、性格和愿望，都不尽相同，若是一味勉强自己，百分之百按照书中所说来要求自己，岂非强迫自己要做这本书的奴隶？不如看了之后，自己心中有数，找出自己所要走的道路，拟订自己所要达成的目标，考虑自己所要采用的方法，确立自己所要秉持的原则。然后贯彻下去，以求获得自己所想要的成功。

1.不要轻言失败

永远不要认定自己是失败者。

人人都害怕失败，主要原因在失败之后，很可能心灰意冷。如果加上世态炎凉，遭受大家的冷讽热嘲，那就更为难过。甚至可能一时想不开，走上自绝的穷途末路。

但是，人生的过程，多半呈现循环往复的曲线，依着螺旋状前进。这中间起伏交替，得失相连。成功一定要经过持续不懈的努力，在奋斗历程中，并没有永远的成功，也不会永久都失败。

老子说："祸兮福所伏，福兮祸所倚。"世间事很少祸福分明，却大多祸中有福、福中有祸。

从前有一个人，住在国境边界。他发现自己所养的马中，有一匹离群出走到邻国。当时知道这件事的人，都认为很不值，白白丢掉一匹马。只有养马人的父亲，对这件事毫不介意，反而认为失去一匹马，未尝不会带来好处。过了几个月，果然发生了奇怪的事情。从前走失的那匹马，不但从邻国认路回来，还把邻国的骏马，也一道引了过来。大家知道了这件事，都跑来向养马的人道贺。但养马人的父亲却说，这件事说不定会带来灾祸。不久，养马人骑那匹骏马时，被摔了下来，跌断了一条腿。于是人们纷纷前来慰问。养马人的父亲对儿子跌断腿一点儿也不介意，认为可能会带来好处。一年后，邻国出兵侵略，养马人居住的地方，有战事发生。年轻力壮的人，都要入伍作战。不少年轻人都战死了。养马人因为跌断腿后变成残废，免服兵役，所以保全了性命。

《淮南子》记载这一则《塞翁失马》的故事，主要在安慰遭遇不幸的人，表示不幸的事情，说不定反会带来好运，使不幸人难过的心情，得到宽解。“塞翁失马，焉知非福”，和老子所说“祸兮福所伏，福兮祸所倚”，互相印证。古人说：“江东子弟多才俊，卷土重来未可知。”更进一步，勉励大家遭遇失败时，不必气馁。

梁启超先生的看法，则是“成功与失败，本来不过是相对的名词”。他认为“一般人所说的失败，不见得便是失败；一般人所说的成功，不见得便是成功。天下事，有许多从此一方面看，说是成功；从另一方面看，也可说是失败。从目前看，可说是成功；从将来看，也可说是失败”。明得暗失，或者明失暗得的例子很多，可见得失之间，成功与失败的分辨，实在很不容易。

有一个小孩儿，从小就被判定为音乐天才儿童。父母送他去学习小提琴，他很快就成为小提琴神童。于是一天练习六七小时，进步更为神速。

他在小提琴方面，获得了无可怀疑的成功。然而，其他小孩子从事的活动，诸如打弹珠、抓蟋蟀、跳橡皮圈以及玩弹弓，他一概毫无所悉。在这些方面，简直就是大失败者。如果说拉小提琴才是有出息的活动，而打弹珠、抓蟋蟀、跳橡皮圈、玩弹弓都属于无聊的举动，恐怕未必能够获得普遍的认同。事实上有若干儿童，被父母强迫送去拉小提琴，因而痛恨所有的音乐活动，反而扼杀了欣赏音乐的兴趣。

建立根本没有失败的信念。

有人喜欢强调“失败为成功之母”，因而倡导“反败为胜”的观念。我们认为失败固然为成功之母，但是不能过分强调，也不必倡导反败为胜，以免对失败失去警惕，反而不用心防患于未然，导致常常失败的恶果。

对已经获得成功的人，回忆当年失败的历程，感慨失败为成功之母，乃是痛苦之后的一份甜美，说说无妨。换句话说，成功的人才有资格鼓吹失败为成功之母的道理，能够毫无愧色地面对大众，侃侃而谈自己失败的经验。这时不但不痛苦，而且深觉自豪。

相反，失败的人，简直就没有资格说什么失败为成功之母。请问，有什么人肯浪费时间去聆听一个失败者描述自己的惨痛经验？

一个人已经有了反败为胜的成就，他的传记有人阅读。彻底失败的人，有谁敢替自己的失败史写传记，又有哪些人喜欢去欣赏？

有一位成功的企业家，坦承他遭遇过重大的失败。他说：“当时我承认自己是失败了，因而兴起了某些念头：一是远走他乡，迁到完全陌生的地方，远离失败的伤心地。一是借酒浇愁，希望酒醉时忘掉一切的痛苦。一是闭关自守，用足不出户来避免外界的鄙视。一是干脆自杀，一了百了。”

他徘徊在这几条失败的道路上，终于想通了一件事：“我并没有失败，为什么要让自己走上这些失败的道路？我只是方法错误，遭遇到一些挫折，根本就没有失败。”

既然没有失败，何必远走他乡？既然没有失败，为什么要借酒浇愁？既然没有失败，何必自我封闭？既然没有失败，哪里需要自杀？

于是，凭着“根本没有失败”的信念，他勇敢地面对现实，并且坚毅地克服困难，终于获得很大的成功。

这一番话，重点在承认失败，就会不由自主地走上失败之路；唯有不承认失败，才有可能走上成功之路。

我们常说中国人是永远不认输的民族，不认输就是不承认失败。一旦承认失败，整个壮志雄心毁灭破碎，可能从此再也抬不起头来，很难重建成功的信心。

某些人被“失败主义”所困，长久不得解脱，便是太容易承认失败的后遗症。

不认输并不是死不认错，因为死不认错的人，不会从错误中获得经验，因而也不可能成功。

勇敢地承认错误，却不必因此就认为自己失败，以免被“失败主义”所套牢。

方法错误，可以重新来过。方向错误，可以及时调整。任何错误，都有改过自新的机会。只要不承认失败，就可以鼓起勇气，认真检讨自己的缺失，更加警觉地再出发。所以，要认错，却不必认输。

能认真检讨，就种下了成功的幼苗。轻易承认失败，等于把成功的可能完全排除。

做任何事，先想怎样才能够避免失败，这叫作防患于未然。事先防止失败，便可能立于不败之地。万一遭遇困难，受到挫折，要自我心理建设：“我没有失败，只是有一些错误，好好检讨，重新来过，成功还是充满了希望。”这时没有失败的心理，自然有勇气再来一次，再试一下，也自然有成功的希望！

2.不要轻言成功

轻言成功，反而容易失败。

梁启超先生进一步分析：宇宙间的事，绝对没有成功，只有失败。他说：“成功这个名词，是表示圆满的观念；失败这个名词，是表示缺陷的观念。圆满就是宇宙进化的终点，到了进化终点，进化便休止；进化休止，不消说是连生活都休止了。所以平常所说的成功与失败，不过是指人类活动休息的一小段落。”

按照梁先生的观点，这本小书印行世间，就算是作者的成功。而各位读者读了这本小书，也就算是各位的成功。

梁先生接着又否定了所有的成功，他说：“人类在这条无穷无尽的进化途中，正在蹒跚而行。自有历史以来，我们不过在这条路上走了一点儿，比到宇宙圆满时候，还不知差几万万年呢，现在我们走的只是像体操教员刚叫了一声‘开步走’，想要得到多少万万年后的成功，岂非梦想？所以谈成功的人，不是骗别人，简直是骗自己！”

他举例说：“就事业上讲，说什么周公致太平，说什么秦始皇统一天下。现在我们看看周公所致的太平到底在哪里？大家说是周公的成功，其实是他的失败。‘六王毕，四海一’，说的是秦始皇统一天下，但仔细看看，他所统一的到底在哪里？并不是说他传二世而亡，就算失败。只看从他以后，便有楚汉之争，三国分裂，五胡乱华，唐之藩镇，宋之辽金；就现在说，又有督军之割据，他的一统之功算完成了吗？所以世人所说的一般大成功家，实在都是大失败家。”

梁先生这一番话，其实不在全盘否定成功。因为梁先生若是全盘否定成功，他用不着苦口婆心说这一番话。他的真正用意，在劝告大家，一方面不要轻言成功，一方面也不要过分强调自己的成功。

梁先生指出："在无量数年中，无量数人，所做的无量数事，个个都失败，照数学上零加零仍等于零的规律讲，合起来应该是个大失败。但许多的'失败'加起来，却是个'大成功'。"可见，若是他彻底否定成功，就不会告诉我们，许多许多失败，加在一起，竟然是大成功。

孔子说："死而后已。"一个人活着，就要做事，而所有的事，结果都是失败。一个人失败了，死掉了，别的人继续去做，不断的失败，就会累积成世界上的大成功。

本来，我们这一代人，兢兢业业，做出了许多自以为成功的事，不过是为了让下一代人，有事情可以做：全力证明我们这一代人所做的事，全都是失败的。

一代证明一代的失败，便是世界进化成功的大动力。任何一代的成功，实在只是这一代此时此地的成功，迟早会被其他后代人，判定为失败。

所以我们的成功，只能算是小小的成功，用不着过分自我膨胀，骄傲地向全世界宣示："从此不要小看我！"

对骄傲的国家而言，任何小胜利都可能招来大失败。今天某国强盛至极，又毫无顾虑地展示军力，就会引起其他各国的注意。各国会以某国为目标，积极地秘密发展更为先进的武器，并且企图一举制服某国。

骄傲的个人，同样是众人联手打击的最佳目标。骄者必败，几乎毫无例外。

成功之后，最怕的是失败。

人死了以后，才被证明为失败。死后无知，好像要轻松得多。人活着的时候，因成功而骄傲，一旦被证明为失败，便会立即坠入深渊而痛苦不堪。

但是，成功而不骄傲，自己不轻言成功，即使被证明为失败，也会轻松得多。因为我本来就不认为自己成功，如今果然没有成功，对我有什么打击？好像并没有。

成功者不能骄傲，失败者不必气馁，这才是合理的表现，良好的修养。

完成工作之后，应该产生成就感。这种观念，和成功不能骄傲，完全没有抵触，丝毫不会矛盾。

下班了，同事一个一个离去。自己的工作，并没有做完。这时候继续下去，一心一意要把它做到满意的地步。为的不是加班费，争的不是不落人后，而是为了完成工作之后，那一份充实的成就感。

但是，成就感是完全属于自己的感受，与至亲好友，可以分享。若是向外人宣扬，就很容易被认为骄傲，而招致不幸的后果。

成就感加上谦虚，可能产生巨大的力量，以反击别人恶意的中伤。

同事之间，随时都有进行恶意中伤的丑剧。自己工作满意，有了成就感又把它表现出来，正好切合恶意中伤的描述：“某人自认有功，以致不把上司看在眼中。”

有人恶意中伤。自己有成就感，却能够保持应有的谦虚。上司听到中伤的描述，自己会留意观察，发现并没有所描述的状况，自然会反击那些闲言闲语，而不予置信。

高怀民先生指出：由文王到孔子的五百余年间，是中国人最讲求谦德的时期，也是中国文化最积极建树道德人格的阶段。孔子称赞文王、周公，重在他们的谦德，所以：“文王三分天下有其二，还在服事殷商。周室的德，实在是至德了。”又说：“一个人就算有周公那样好的才能，设使犯了骄傲和鄙吝的毛病，那么，他的才能也就不足观了。”

现代中国人，口口声声自我推销，低落到把自己当作商品看待。而自我推销的时候，又往往自我吹嘘，好像不灌水、不吹气，就对不起自己，一点儿谦德也没有，实在不是什么好榜样。

每当想起那则广告，开口就是“请不要嫉妒我亮丽的头发”，许多人都十分庆幸，没有在吃饭的时候看见它，否则后果不堪设想。

谦虚不是虚伪，虚伪的谦虚很容易被识破，这样的人不具谦虚的美德。

谦虚可以去除自满，避免自大，使自己长久保持成功。不轻易认定自己成功，即是合理的谦虚。

3.要有信心走上自己的成功大道

坚定自己的三大信念。

中国人喜欢说盖棺论定，意思是死前的成功与否，盖棺才可以论定。

青、壮年成功，可惜晚节不保，落得失败的恶名，十分不值得。死以前成功，死后的变迁与之无关。

孔子说："未知生，焉知死。"他比较不喜欢谈论死后的世界，便是希望大家注重生时的奋斗，确保求得好死。当然，生时欺名盗世，死后被识破真面目，绝对不是真正的"知生"。因为这种结果，比生时默默无名更加难看。

要求得好死而成功，必须具备下述三大信念：

第一，当功利与道德相冲突时，以道德为优先。

功利并非完全是坏的。合乎道德的功利，基本上属于真功、正利，值得我们用心去追求。

但是，虚假的功，邪恶的利，往往违背道德良心。这时候必须坚持自己的信念："有所不为。"

勿因恶小而为之，也不可抱着"只此一次，下不为例"的念头，以免尝试一次，就停不下来，养成坏习惯，必然害死自己。

愈是成功的人，愈应该有所不为。因为伴随成功而来的权势，会令人腐化，若是尽力扩张有所为，势必增大为恶的几率。某些人奋斗一生，却败于成功之日，便是不知自制，认为"我这么成功，做任何事都有十分的把握"，因而掉入深渊，后悔莫及。

第二，当独吞与分享相冲突时，以分享为优先。

整个世界，愈来愈息息相关。英国文学家韦尔斯（H. G. Wells）说："一个社会，不可能一部分快乐，一部分不快乐。如果不能通盘考虑到，那么，宁可暂缺。不能永远头痛医头，脚痛医脚。"

中国人一方面认为"四海之内，皆兄弟也"，一方面倡导"有钱大家赚"的观念，以求有福同享。

成功要靠大家一起来，掌握更多人的智慧与财力，才能够造就更大的成功。

要掌握更多人的智慧与财力，必须诚恳地与大家共享所得的成果，大家才会心悦诚服地长期共处，不致见好就分散，徒然分散了实力。

凝聚众人的力量，最主要的因素，在分享。

独吞利益等于欺骗众人，大家一旦觉察，便会立即掉头离去。独吞不仅是愚蠢，而且是不道德。

第三，当应该与喜欢相冲突时，以应该为优先。

我们再三申明，绝对不要用喜欢不喜欢来抉择自已所面临问题。

"只要我喜欢，有什么不可以？"这是害人害己的念头，千万不要这样想。

一件事，先想应该不应该。不应该做，依照第一信念，将它排除；应该做，再问喜欢不喜欢。喜欢表示自己有兴趣，会做出趣味来；不喜欢，就要培养兴趣，设法让自己愉快地去完成。

不应该做的事，自己再喜欢，也要克制自己，改变念头，不可以做。见不善而不为，见不义而有所不为。

应该做的事，自己再不喜欢，也要勉强自己去做，从行动来改变自己的观念，这才是择善固执。

"我喜欢"是一句天真，却相当幼稚的话。成功的人，必须把喜欢放在应该的后面。如果应该，我会喜欢。若是不应该，喜欢也要变成不喜欢。

人之所以为人，恐怕就在于此。

增强自己的三大认识。

有了三个信念，还要再加上三种认识，说明如下：

第一，学历不如学力。

学历只是证明自己受过什么教育，不能证明自己具备何等实力。

进入社会之后，往往发现在学校所学的，大多派不上用场。必须随时随地自我充实，才能够把事情做好。

社会大学是磨练实力的最佳处所，从工作中学习，虽然没有学历，却实在有学力。

第二，看刺不如看花。

“刺”象征坏的一面，“花”象征好的一面。

当你欣赏玫瑰花时，看刺还是看花？

一味重视他人的缺点，会使自己逐渐孤立起来。事实上人人都有缺点，要求别人完美的人，就会陷入“无人可用”“无人可共事”的困境。

把别人的长处，放在自己的眼睛里。把别人的短处，放在自己的肚子里。这样，人人各有所长，大家都可以共事。学习他的长处，人人都是益友。

第三，泛泛不如知心。

我们常发现，有许多朋友的人，往往没有一个真正的朋友。

人不可以没有朋友，然而，人更需要知心的朋友。

交朋友要从小信开始，不要从“不信任他”出发。不信任他，他也同样不信任我们。小小的信任他，经由考验逐渐增加信用度，这样由小信而大信，可以交到知心的朋友。

最重要的是：由自己开始。不要等待对方先相信我们，要从自己做起，先相信别人。

掌握自己的三大原则。

有了三种认识，再确立三个原则，分述如下：

第一，自我成长原则。

“命由我造”，表示我可以创造自己的命运。成功的道路，必须由自己一步一步走出来，所以我要不断地经得起考验，用自我成长来走出自己的成功大道。

命运其实就是性格，我要改善自己的性格，依靠自己的力量，来克服自己的缺点。

自我成长最具体的表现，莫过于按照本书所说的方法，逐渐增强自己的十项内功。

十项内功日愈增进，便是自我成长最明显的证明。

第二，充满希望原则。

人活着，必须充满希望，才会愉快。

毫无希望的人，活得十分痛苦而无奈。生活在不安的感觉中，就是因为缺乏希望。

任何时机，是危机也是良机。常常创造机会，时时充满希望。下定决心，好运就会降临。

下决心发挥自己的十项内功，对前途充满希望。这样，乐观进取的结果，就会成功。

第三，认清目的原则。

人的地位，只是副产品而非产品。从工作当中获得相当的成就感，才是真正的产品。

人的成功，也是副产品而非产品。临终时得以好死，毫无愧怍，才是真正的产品。

利和名，同样是副产品而非产品。自己能安，又能安人，才是真正的产品。

认清目的，充满希望，坚持自我成长，还有什么可以犹豫的呢？

不要犹豫，不要等待，从现在开始，勇敢地朝向自己的成功目标，发挥自己的十项内功，走上自己的成功之路！祝福大家，三十六岁就能成功。

曾仕强教授出版著作

序号	书名	定价
1	易经的奥秘使用手册	80.00
2	百家讲坛——易经的奥秘	30.00
3	易经的奥秘（完整版）	64.00
4	易经的智慧合集（精装典藏版）（全六册）	680.00
5	易经中的管理智慧	36.00
6	易经良基（共六册）	192.00
7	易经良基·中（共六册）	192.00
8	曾仕强详解道德经：道经	39.00
9	曾仕强详解道德经：德经	42.00
10	道德经的奥秘	36.00
11	道德经与罗浮山	39.80
12	长安家风	39.80
13	孝经给现代人的启示（新版）	35.00
14	孝就是道（新版）	35.00
15	坤道——曾仕强教做出色的中国女人（新版）	45.00
16	为官之道（新版）	35.00
17	为政之道	49.00
18	论语的生活智慧(上下)	64.00
19	论语给少年的启示(上下)	58.00
20	论语给青年的启发(上下)	68.00
21	曾仕强点评三国之道：论三国智慧（上下）	86.00
22	曾仕强点评三国之道全集（2016）	158.00
23	胡雪岩的启示（全新版）	45.00
24	曾仕强评胡雪岩	29.80
25	中华文化自信	45.00
26	我是谁	58.00
27	诸葛亮的启示	42.00